**주도주 투자
수익의 정석**

20년간 연간손실 0원,
국가대표 프랍 트레이더의 완벽한 '손익비' 전략

주도주 투자
LEADING STOCK
수익의 정석

김진 지음

체인지업

추천사

'혁신 없는 상승장의 주도주는 기존 산업에서 찾을 수 있지만, 기술 혁명과 함께 시작된 상승장의 주도주는 어떻게 찾아야 할까?' 국내의 수많은 주식 투자자들이 한 번쯤은 해봤을 고민이다. 이 책은 그 고민에 대한 해답을 제시하는 추세추종 전략의 '결정판'이다. 책 전체를 관통하는 메시지를 짚어나가다 보면 주식투자의 또 다른 영역으로 도약할 수 있을 것이다. 완벽하게 이해해야만 주식을 살 수 있다는 생각에서 벗어날 때, 여러분은 마침내 투자의 벽을 무너뜨릴 수 있다.

홍춘욱
프리즘투자자문 대표·前 KB국민은행 수석 이코노미스트

추천사

함께 일하며 지켜본 저자의 남다른 능력을 알고 있기에, 주식시장에서 매일같이 전투를 치르고 있는 수많은 투자자에게 이 책이 또 하나의 등대 역할을 해줄 것임을 믿는다. 사실 20여 년이라는 프랍 트레이더로서의 경력 자체만으로도 저자의 주식 운용 능력과 탁월한 감각이 증명되었다고도 볼 수 있다. 이 책에는 오랜 시간, 온갖 풍파 속에서도 '잃지 않는' 꾸준한 수익을 올린 저자의 비결이 모두 서술되어 있다. 호재와 악재가 공존하는 시장에서 수많은 주식 투자자들이 시장의 방향성에 대한 올바른 판단력과 더불어 주도업종과 주도주를 선별해 나가는 분별력을 기를 수 있을 것이다. 《주도주 투자 수익의 정석》이 주식 투자에 대한 모든 궁금증을 타파해 줄 시장의 동의보감(東醫寶鑑)으로 오래도록 기능하길 바란다.

허필석
KB증권 전무·트레이딩 그룹장

추천사

우리나라 주식시장에는 소위 '전문가'라고 불리는 이들이 셀 수 없이 많다. 하지만 그 전문가들 가운데서 실제로 저자처럼 오랜 기간 지속적으로 수익을 창출해온 '진짜' 전문가의 숫자는 손에 꼽을 정도로 적다. 이러한 '진짜' 전문가인 저자가 독자들을 위해 자신의 수익 창출 노하우를 한 권의 책에 고스란히 담아냈다. 책을 통해 '찐쌤'이 제시하는 주도주 투자의 정석을 공부하고 '시장이 하는 말'을 귀담아듣는다면, 우리 모두 성공적인 투자의 길을 개척할 수 있을 것이다.

김호영
수원대 경영대학원·자산관리 마스터 과정 주임교수

프롤로그

22년 차 프랍 트레이더

"프랍 트레이더가 뭔가요?"

저는 1998년 주식 시장에 입문해 약 2년간 증권사 리서치 센터에서 투자 전략을 담당했습니다. 이후 2001년부터 2023년 말까지 '프랍 트레이더(proprietary trader)'로 활동한 뒤 기나긴 여의도 생활의 마침표를 찍었습니다. 대부분 프랍 트레이더라는 직업에 대해 잘 알지 못하는데요. 일반 대중들에게는 거의 드러나지 않는 직업군이기에 이는 어쩌면 당연한 일입니다. 프랍 트레이더는 일반 고객들의 자산이 아닌 금융기관 고유 계정을 이용하여 주식, 채권, 원자재 등에 투자하고 수익을 올려 회사에 기여하는 사람들을 일컫습니다.

자산운용사 펀드 매니저의 고객은 다양한 개인투자자이지만, 프랍 트레이더의 고객은 자신의 인사권을 직접적으로 가지고 있는 '경영진' 또는 몸담은 회사의 '주주'들입니다. 다시 말해 회사의 본부장님과 사장님이 고객이라는 뜻이죠. 고객의 자산이 아니라 금융기관의 자산을 운용하다 보니, 좀 더 엄격한 위험 관리 규정으로 통제받고 성과측정 역시 매우 까다로워 오래 활동하기 매우 어려운 직군이라고 볼 수 있습니다. 제가 활동하던 시기의 시장은 유독 더 혹독했습니다. 지난 20년간 채권 시장 자체가 엄청난 강세장이어서 채권 프랍 트레이더가 살아남기는 비교적 쉬웠지만, 주식 프랍 트레이더는 주식이라는 자산의 높은 변동성으로 손실을 내기 일쑤였습니다. 직업의 수명이 나날이 짧아진 것도 다 이런 이유 때문입니다.

경쟁자들도 많았습니다. 주식투자에 소질이 있는 사람들과 경제학과를 졸업한 인재들이 매년 증권회사의 문을 두드렸습니다. 대체 인력이 풍부하니 주식 프랍 트레이더는 오랫동안 활동하기 어려운 직업이라는 인식 또한 팽배했죠. 저는 주식 프랍 트레이더로 21년을 근무했습니다. 모르긴 몰라도 한국에서 저만큼 오래 근무한 사람은 없을 겁니다. 그 시간 동안 우여곡절도 참 많았습니다. 2001년 9·11 테러, 2008년 미국 금융위기, 그 직후 단 2년 만에 벌어진 유럽 재정위기, 2015년~2016년의 중국증시 폭락과 브렉시트까지…. 그래서인지 많은 이들이 '가장 고통스러운 시기'로 기억하는 코로나 시절의 하락이 '별것 아닌 하락'으로 느껴지기도 했습니다.

수많은 위기를 경험한 탓인지 나에게 주식은 '조심하고 또 조심해야 하는 투자 자산'으로 여겨졌습니다. 어느 정도의 행운이 따른 것도 사실이지만, 그러한 인식 덕에 재직 기간 동안 연간 기준 손실을 거의 보지 않았습니다. 단 한 해 손실을 경험했는데, 1년 내내 전 세계의 주식이 흘러내렸던 2021년, 금리 인상기였습니다. 다행히도 해임되지 않을 가벼운 수준의 손실이었고요. 이런 얘기를 하면 많은 사람들이 손실을 보지 않은 방법에 대해 묻습니다. 답은 간단합니다. 저는 주식 프랍 트레이더로서 1년 동안 벌어야 하는 목표가 분명히 있었음에도, 주식투자를 열심히 하지 않았습니다. 시장이 안 좋을 때도 수익을 내겠다는 허황된 욕심을 품지 않았고, 그래서 큰 수익은 내지 못했어도 큰 손실을 피할 수는 있었습니다.

"손실을 잘 방어한 것은 알겠는데, 수익은 얼마나 냈어요?"

누군가는 이렇게 물어올 수도 있을 겁니다. 과거에는 저 역시 그런 것들이 궁금했죠. 그래서 은퇴 직전, 21년 동안 프랍 트레이더로서 얼마큼의 수익을 냈는지 계산해 보았습니다. 공식적으로 증명된 수치는 아니지만, 연평균 15% 정도의 수익이 난 것을 확인할 수 있었습니다. 물론, 매해 꼬박꼬박 15%씩 수익을 낸 것은 아닙니다. 수익을 거의 내지 못한 해도 있었고, 큰 수익을 냈던 해도 있었으니까요. 이는 누군가에게는 만족할 만한 수치가 아닐 수도 있습니다. 그러나 15% 정도면 개인의 자산 증식에 큰 도움이 된다는 사실은 부정할 수 없습니다. 이러한 결과를 얻을 수 있었던 가장 큰 동력은 다름 아닌 '손실 관리'에 있었습니다. 손실을 잘 관리할수록 수익도 자연스레 커질 거라 여전히 믿고 있습니다.

나의 투자는 어떻게 만들어졌나?

2008년 말 이후부터 해외주식투자를 시작했습니다. 여의도에서 꽤 오랫동안 해외 투자를 해 온 결과, 은퇴하기 직전에는 한국부터 일본, 유럽, 미국, 원자재 담당 부서를 총괄했고, 부서의 '북'(프랍 트레이더는 펀드라 하지 않고 북이라고 부릅니다)은 매일 23시간 돌아갔습니다. 유학파 출신이 아닌 제가 해외 투자를 주력으로 할 수 있게 된 것도, 큰 위기에서도 손실을 거의 보지 않고 만족할 만한 성과를 꾸준히 가져갈 수 있었던 것도 모두 저의 '투자 방법' 덕이었습니다.

처음 주식 시장에 들어선 것은 과거 동양증권(현 유안타증권) 명동지점의 PB로 뽑히면서부터였습니다. 시작은 여느 사람들과 다르지 않았는데요. 재무제표의 기본적인 사항을 이해하려 했고, 기술적 패턴을 알고 있으면 투자로 돈을 벌 수 있다고 생각했습니다. 그래서 퇴근 후 회계 학원에 다니거나, 기술적 분석 책을 사다가 매일 그래프와 씨름하곤 했죠. 그러다 운 좋게 '꽤 잘하는 영업사원'으로 회사에 알려지게 되었고 "김진이라는 젊은 직원이 있는데, 주식을 잘해!"라는 이야기도 종종 들을 수 있었습니다. 이러한 헛소문(?) 덕에 리서치 센터에 들어가 더 체계적으로 주식투자를 배울 수 있었는데, 그러면서도 마음 한구석에는 늘 기관투자자가 되고 싶다는 꿈을 품고 있었습니다. 마침내 리서치 센터에서 사내 주식 운용 부서(프랍 트레이더)로 옮길 기회를 잡았고, 그 부서에서 저의 역량을 뽐낼 수 있겠다는 그럴싸한 포부를 갖게 되었습니다.

그러나 제가 알고 있는 투자 지식이 '진짜 돈'을 버는 것에 그리 도움이 되지 않는다는 사실을 깨닫기까지는 몇 개월도 걸리지 않았습니다. 돌이켜 보면 당시 저는 엄청난 위기의식을 느꼈던 것 같습니다. 그토록 바라던 기관투자가가 되었는데 얼마 하지도 못하고 그만두게 될 것 같았기 때문입니다. 그것도, 타의로 말이죠. 목마른 사람이 우물을 파는 것처럼 위기가 닥쳐오자 꽤 똑똑한 답을 찾아낼 수 있었습니다.

'지금 내가 알고 있는 모든 지식은 주식투자로 돈을 버는 데 방해만 된다. 다 버리자. 그리고, 처음부터 다시 쌓자.'

지금 와서 생각해 보면 너무나 기특한 발버둥이었고 당시의 저를 칭찬해 주고 싶습니다. 기존에 가지고 있던 것을 버리고 새롭게 쌓기 위해 다양한 방법을 시도했습니다. 저의 숱한 노력에도 모든 시도가 좋은 결과로 이어지지는 않았고, 마지막이라는 심정으로 일기를 쓰기 시작했습니다. (매매일지가 저에게는 곧 일기였습니다) 시장이나 종목을 어떤 식으로 이해했고, 어떻게 전망했으며, 그래서 어떤 결정을 내렸는지 솔직하게 써 내려가기 시작한 것입니다. 그리고 그 내용을 시장과 맞춰 보기 시작했습니다. 이 실천이 가능했던 것은 '나는 한낱 대리일 뿐이다. 지금 당장 돈을 벌지 않아도 된다. 나에게 주어진 시간을 마음껏 활용해서 나를 만들면 된다'라는 생각 때문이었던 것 같습니다. 상대적으로 실적 부담이 적은 대리라는 위치에서, 저는 주어진 시간을 십분 활용하며 생각을 다듬기 시작했습니다.

새롭게 생성하기 시작한 생각의 토대는 아이러니하게도 '저와 다른 사람들의 오류'였습니다. 똑같은 실수를 3번 이상 반복하지 않겠다는 의지가 방향성을 그렇게 설정해 주었는지도 모릅니다. 실수와 오류를 거울로 삼아 생각을 하나씩 다듬어 갔습니다. 처음에는 최종 결론인 매매, 지식의 부적절한 적용 등에 관한 반성이었는데 그런 것들이 쌓이다 보니 되레 큰 틀이 만들어지기 시작했습니다. 이렇게 만들어진 제 투자의 첫 번째 원칙은 '나는 시장의 판단을 이길 수 없다'였습니다. 제가 아무리 저평가 혹은 고평가라고 떠들어 봐야 시장의 참여자들이 사고팔며 내린 결론보다 정확할 수 없다는 것을 깨우친 거죠. 예컨대 제가 삼성전자라는 회사의 주식을 사서 물렸다면, 이는 주가가 잘못된 것이 아니라 저의 판단이 잘못되었다는 겁니다. 원칙을 정리한 직후에는 오히려 걱정이 커졌습니다.

'그러면 주식투자를 통해 어떻게 돈을 벌지?'
'사실은 돈을 벌 수 없는 것인가?'

수많은 오류를 확인하고 검증하며 내린 두 번째 결론은 '시장은 언제나 방향을 일러주기에 시장의 이야기만 잘 듣고, 시장이 하라는 대로만 하면 돈을 벌 수 있다'였습니다. 더불어 이 과정에서 시장은 모든 정보와 이후의 결과를 즉시 반영할 만큼 완벽하지는 않고, 그래서 추세가 생겨나고, 추세를 중심으로 시장의 이야기를 들으면 돈을 벌 수 있다는 것도 알 수 있었습니다. 그렇게 저는 '전망하지 않고 대응한다'라는 두 번째 기본 원칙을 가질 수 있게 되었습니다. 이를 종합해 보면 다음과 같은 결론을 내릴 수 있습니다.

"나는 시장보다 똑똑하지 않다. 그러니 시장의 말을 잘 들어라. 시장은 추세라는 것을 통해 미래를 이야기하기 때문에 추세를 중심으로 시장의 이야기를 듣고 시장이 하라는 대로만 하면 얼마든 돈을 벌 수 있다."

이런 투자 원칙을 가지고 있다면 자신보다 훨씬 똑똑한, 규모가 큰 자산을 다루며(지수, 대형주 등) 전망이나 예상 따위는 하지 않고 대응하면 됩니다. 그렇기에 저에게 가장 중요한 작업은 시장이나 주식을 전망하고 예상하는 것이 아니라 지금까지 시장이 보여준 모든 정보를 해석하고 이해하는 것이 되었습니다. 생각을 정리하며 저는 소위 '추세추종'이란 것을 주요 전략으로 삼게 되었습니다. 그리고 이때 세운 투자 철학과 원칙, 추세추종 전략 덕에 영어를 잘하지 못해도 누구보다 먼저 해외 투자를 할 수 있었고 수많은 위기에서도 최소한의 손실을 내며 포지션을 지킬 수 있었습니다. 더불어 제 포트폴리오에는 항상 주도주가 있었고, 그 덕에 오랫동안 치명적인 손해를 입지 않았으며 연평균 15% 내외라는 썩 괜찮은 결과도 만들 수 있었습니다.

이 책에는 제가 이해하고 있는, 그리고 저를 22년 동안 프랍 트레이더로 활동할 수 있게 해준 '추세추종 전략'의 모든 것을 담았습니다. 저는 단정하는 것을 싫어합니다. 다만, 앞으로의 이야기들을 잘 따라온다면 여러분도 투자 고수가 될 수 있을 것입니다. 초고수익은 아니더라도 시장에 지지 않고, 자산을 충분히 불릴 수 있을 거라 자신합니다. 엄청난 위기 상황에서 손해를 억제하는 것은 덤이고요. 새로운 독자를 만난다는 설레는 마음으로 이야기를 시작하려 합니다. '책을 한 권 써야 하는데'라는 막연한 생각만 가지고 있던 제게 자극과 기회를 준 체인지업북스 출판사와 언제나 제 편에 서 있는 사랑하는 가족, 아내 윤혜영 씨와 똑똑한 딸 김서지 양, 그리고 어머니 박호순 여사께 감사의 뜻을 전합니다. 더불어 추천사를 써 주신 홍춘욱 박사님과 허필석 전무님, 김호영 교수님께도 감사의 말씀을 전합니다.

2025년 여름.
김진 올림

LEADING STOCK

차례

추천사 홍춘욱	⋯5
허필석	⋯6
김호영	⋯7
프롤로그 22년 차 프랍 트레이더	⋯8

chapter 1

가장 센 주식에 올라타기
- 불공평한 싸움에서 이기는 유일한 방법

시장이 들려주는 가장 확실한 목소리, 추세	⋯ 25
추세추종 전략의 투자 철학	⋯ 30
추세추종 전략을 위한 투자 자산 바로 알기	⋯ 36
불공평한 싸움에서 이기는 유일한 방법	⋯ 41

chapter 2

추세추종 투자 전략의 시작
– 두텁고 안전하게 자산을 증식하는 1등 투자자

자산 배분이 쉬워진다 ··· 47
- 주식 비중 조절

위험 관리에 유리하다 ··· 56
- 변동성 지수 활용

chapter 3

추세추종 투자의 꽃: 주도주의 이해
– 주식투자의 올라운더, 주도주 완벽 이해

주도주의 친구, 경기 이해하기 ··· 77
'연약한 급등'이 아닌 '확실한 주도' ··· 85
실제 사례 속 주도주 살펴보기 ··· 94

chapter 4

추세추종 투자의 꽃: 주도주 실전투자 전략
– 주식투자의 올라운더, 주도주로 항해하기

주도주 주가의 특징	⋯ 109
주도주 투자 전략	⋯ 117
글로벌 투자 전략 (feat. 추세추종 투자)	⋯ 127

chapter 5

오늘 배워 평생 쓰는 하루 완성 '지표 수업'
– 누구나 써먹을 수 있는 보물지도 독해법

채권으로 그리는 빅 픽처	⋯ 141
환율을 이해하면 시장의 목소리가 들린다	⋯ 160
주식 시장을 바라보는 색다른 창, 원자재	⋯ 177
주식투자와 핵심 경제지표	⋯ 196

chapter 6

김진의 투자캠프과 함께하는 실전투자 스터디
- 작은 노하우가 만드는 큰 차이

손실을 최소화하는 성공 투자 루틴	··· 227
시장의 '진짜 추세' 보기	··· 239
추세가 바뀌는 순간, 변곡점 이해하기	··· 250
찐쌤의 포트폴리오 구성 전략 총정리	··· 266
찐쌤이 좋아하는 주도주 포트폴리오	··· 276

에필로그 20여 년의 투자 끝에 비로소 보게 된 것들 ··· 282

chapter 1

가장 센 주식에 올라타기

— 불공평한 싸움에서 이기는 유일한 방법

시장이 들려주는
가장 확실한 목소리, 추세

　제 투자법을 한 문장으로 표현하면 '추세추종 투자'입니다. 영어로는 'trend following'이라고 하며, 많은 분들이 한 번쯤 들어보았을 투자법 중 하나일 것입니다. 시중에 이와 관련된 책도 이미 여러 권 나와 있는 것으로 알고 있습니다. 그러나 많은 이들이 이 추세추종 투자를 '주가의 추세를 이용하는 기술적 투자법'의 하나라고 여기는 것 같습니다. 물론, 주가의 추세를 판단의 주된 근거로 삼는다는 점에서 이는 완전히 잘못된 관점은 아닙니다. 하지만 저는 저의 추세추종 투자가 '기술적 투자'라는 생각을 단 한 번도 해 본 적이 없습니다.

　기술적 투자 혹은 기술적 접근이라 하면 대개 어떤 주식을 사고파는 방법에 대한 접근을 말합니다. 저 역시 추세를 이용해 매매 여부를 판단하지만, 저에게 있어 하나의 자산이 지닌 추세는 '추세' 이상의 의미를 가집니다. 단순히 사고파는 신호 이상의 의미가 추세 안에 있다는 뜻입니다. 시장은 수많은 정보를 종합해 그 자산의 가치를 시장 가격으로 보여주고, 그 가치는 단순히 현재의 가치뿐 아니라 미래의 가치까지 포함한다고 생각합니다. 미래 가치는 한순간에 모든 미래를 반영하지 않고 시간의 경과에 따라 점진적으로 반영해 나가며, 그 때문에 '추세'라는 것이 발생하게 됩니다.

● 듀폰(DD)의 1년간 주가 그래프

출처: 트레이딩뷰

이 그래프는 오르내림이 있지만 결국은 추세가 없는 흐름, 일종의 '균형 상태'라고 볼 수 있습니다. 추세란 주식 등의 자산이 미래를 반영하는 과정에서 보여주는 일정한 '방향성'입니다. 어떤 주식, 혹은 자산이 추세가 없는 상황이 되었다고 가정해 보겠습니다. 그러면 저는 이 자산이 현재 특별한 변화의 요인이 없는 균형 상태에 머물러 있다고 판단합니다. 반대로 어떠한 방향성을 지닌 추세를 보여주고 있다면 저는 해당 자산(혹은 주식)이 '좋아지거나 악화하는 변화의 과정'에 있다고 이해합니다. 저는, 어떤 자산 혹은 주식의 완전한 가치를 스스로 알 수 없다고 생각합니다. 그 때문에 어떤 자산이나 주식이 보여주는 일정한 방향이 그 기업의 '가치 변화의 과정'이라 생각하고 추세를 추종하는 것입니다.

저에게 추세란 한 자산이 보여주는 가치 변화과정의 가장 직접적인 증거입니다. 그렇기에 모든 자산의 흐름을 추세의 관점에서 바라보면 시장이 이야기해주는 방향이 보이게 됩니다. 하나의 상황을 예로 들겠습니다(지금은 어색할 수 있지만, 이 책을 다 읽은 후에는 훨씬 쉽게 이해할 수 있을 겁니다). 자, 금리가 완만하지만 우상향하고 있습니다. 금리 장단기 스프레드도 마찬가지로 확대되고 있습니다. 주식 시장에서는 경기에 민감한 어떤 산업의 주가 추세가 가장 돋보이고 있습니다. 특히 소재, 산업재 섹터가 가장 뚜렷한 상승추세를 보입니다. 더불어 증시 외적으로는 원/달러가 하락추세, 즉 원화의 강세가 나타나고 있습니다. 이런 상황이라면 저는 시장이 이렇게 말하고 있다고 판단합니다.

> "지금, 경기가 매우 좋은 상황이다. 그리고 이 좋은 경기는 기업들의 투자에서 비롯되고 있고, 우리나라 경제가 상대적으로 더 좋은 상황이다."

금리의 우상향이나 금리의 장단기 스프레드 확대는 경기가 좋아질 때 일반적으로 나타나는 현상이고 소재, 산업재 섹터는 주로 기업 투자가 좋아질 때 빛을 발하는 산업입니다. 원화가 강하다는 것은 우리나라의 경기 상황이 더 좋다는 것을 의미한다고 저는 생각합니다. 그렇기에 주식의 비중은 높게, 투자에 가장 긍정적인 영향을 받는 소재, 산업재 섹터가 주도주라 생각하고 이들을 중심으로 포트폴리오를 구성합니다. 또한 이 모든 것들의 추세가 바뀌었다고 판단할 때까지 주식 비중과 포트폴리오를 끌고 갑니다. 이것이 바로 제가 하고 있는 '추세추종 투자'입니다. 단순히 사고팔기 위해 추세를 보는 것이 아니라 시장의 이야기를 듣기 위해 추세의 관점에서 시장을 바라보는 것입니다.

모든 자산을 추세의 관점에서 바라보는 순간 시장은 저에게 수많은 투자 힌트를 줍니다. 경기가 어떤 상황인지, 주도주가 무엇인지도 다 알려줍니다. 그래서 투자 의사 결정은 말 그대로 '지금 시장이 하라는 대로' 하기만 하면 됩니다. 성과는 자연스럽게 따라옵니다. 여러분들이 생각하는 추세추종 투자와 뭔가 좀 다른 게 느껴지나요? 아직 와닿지 않더라도 계속 설명해 나갈 테니 집중하며 따라오길 바랍니다. 저는, 이러한 방식의 추세추종 투자를 하면서부터 마법처럼 모든 국면에서 주도주를 제 포트폴리오로 가져올 수 있었습니다. 극단적인 위험이 도래했을 때도 다른 사람보다는 훨씬 안정적으로 위험 관리를 할 수 있었습니다. 추세를 통해 주식을 '덜' 가질 수 있었기 때문입니다.

이와 같은 추세추종 투자를 위해서는 약간의 기본지식이 필요한 것이 사실입니다. 주식과 주식 외 채권, 환율과 같은 금융시장의 각 자산 간 관계를 이해해야 하고, 이를 통해 시장이 말하고 있는 이야기를 들을 수 있어야 한다는 거죠. 어려워 보이지만, 고등학교 사회/경제 수업을 이해하고 따라갈 수 있는 수준이면 충분합니다. 무엇보다 추세를 있는 그대로 받아들일 수 있는, 즉 '싸게 사서 비싸게 팔아야지'라는 생각을 버리는 마음가짐이 더 중요합니다. 자신만의 투자 철학, 투자 대상, 실제로 사고파는 의사결정을 '추세'라는 한 가지 기준으로 판단하는 '일관성' 또한 매우 중요합니다. 결코 어렵고 난해한 길이 아닙니다. 제가 먼저 경험해 봤기에 누구보다 자신 있게 말할 수 있습니다. 이 책의 마지막 챕터까지 잘 따라온다면 충분히 이해할 수 있을 것이고, 어쩌면 여러분이 저보다 훨씬 좋은 성과를 가져가게 될지도 모르겠습니다.

추세추종 전략의 투자 철학

추세추종 투자 전략은 기본적으로 '시장이 나보다 훨씬 더 많은 정보를 가지고 있다'는 효율적 시장 가설에서 출발합니다. 이 철학은 가장 중요한 '시작점'이기도 합니다. 시장의 모든 정보가 대부분 시장 가격에 적절하게 포함되어 있다는 가설이 효율적 시장 가설이며, 반대의 개념으로 비효율적 시장 가설이 있습니다. 비효율적 시장 가설은 시장 가격이 항상 제대로 된 정보를 반영하지 못하고 왜곡되어 있다는 가설입니다. 여러분들이 익히 알고 있는 기본적 분석, 기술적 분석을 이용한 투자는 알고 보면 모두 이 비효율적 시장 가설로부터 출발합니다. 기본적 분석의 시작은 모든 정보를 충분히 반영하지 못한 '비효율적 가격 결정'이기에 항상 고평가, 저평가의 가격 범위에 있다는 얘기죠. 그 때문에 '투자 자산의 가치 분석만 잘하면 고평가, 저평가를 이용해 수익을 낼 수 있다'는 것이 바로 기본적인 분석을 통한 주식투자 방법입니다.

예컨대 수많은 증권사 리서치의 애널리스트가 내는 보고서에는 '목표가(target price)'가 있습니다. 이 말은 곧 애널리스트가 산출한 기업의 적정 주가가 얼마이며, 지금 그 가격에 있지 않으니 매수나 매도를 하라는 의미입니다. 결국, 시장 가격이 정답이 아니라는 비효율적 시장의 가설하에 이루어지는 논리 구조인 것입니다. 기술적 분석 역시 마찬가지입니다. 수많은 기술적 패턴들은 정답의 형태가 있으니, 시장이 이런 형태를 보이면 이를 이용하여 돈을 벌 수 있다는 것이 기술적 분석입니다. 그런데 이 역시 시장은 정상적인 형태에서 떨어져 있기에, 이를 이용해서 수익을 내는 '비효율적 시장 가설'의 철학에 근거합니다. 가령 많은 분들이 사용하는 기술적 분석 중 '눌림목 매매'라는 것이 있습니다. 따지고 보면 이 눌림목 매매에도 '이 주식은 원래 올라야 하는데 시장이 비효율적이라 일시적으로 내려온 것이니 지금 사야 한다'는 기본적인 뜻이 담겨 있습니다. 시장이 비효율적이라는 관점에서 성립할 수 있는 논리 구조라는 것이죠.

그러나 제가 의존하는 효율적 시장 가설은 이와 정반대입니다. 기본적으로 시장에서 형성된 가격은 크게 잘못되지 않았다는 것입니다. '내가 아무리 분석해 봐야 시장보다 더 정확한 답을 내릴 수 없다'는 관점에서 출발한다고 보면 되겠습니다. 몇몇 분들은 '그러면 어떻게 거래가 형성 되겠나? 늘 가격이 정답 근처에 있는데', '시장이 효율적이라 믿는다면 어떻게 돈을 벌 수 있나?'라며 비판할 수도 있을 겁니다. 틀린 얘기가 아닙니다. 효율적 시장 가설 중 '완전 효율적 시장 가설(혹은 강형이라고 표현)'이라는 것이 있습니다. 이는 모든 정보가 완전하게 정확히 가격에 반영된다는 관점입니다. 이럴 경우, 앞선 비판대로 가격은 항상 균형 가격일 것입니다. 그래서 거래될 수 없고, 투자를 통해 돈을 벌 수가 없습니다. 그러나 저는 시장이 완전히 효율적인 시장이라고 생각하지 않으며, 미래의 가치를 현시점에서 정확히 다 반영한다고 생각하지도 않습니다.

　기업의 현재 가치는 대략적인 균형 값으로 시장에 머물러 있다고 생각합니다. 그러나 경기든, 산업이든, 기업이든 시간이 지남에 따라 변화하게 될 텐데요. 이때 주식의 가치도 달라집니다. 저는 이것까지 완전히 현재 가격에 반영되지는 않는다고 생각하는 것이죠. 대신, '추세'를 통해 미래 가치의 변화를 알 수 있다고 봅니다. 한 기업의 운명은 정해져 있지 않습니다. 상황이나 형편에 따라 그 기업의 가치가 달라지기 마련이니까요. 그런데 이 변화하는 환경은 한 방에 모든 것을 말해주지 않고, 시간이라는 변수를 통해 '추세'로 나타납니다. 즉 추세가 '상승'이라면, 해당 기업의 가치가 하락보다는 상승하는 방향에 놓여 있다고 보는 것입니다. 물론 그 가치가 언제까지, 얼마나 더 좋아질 것인지는 알 수 없습니다. 여전히 미지의 영역인 것이죠.

반대의 경우도 마찬가지입니다. 주가가 추세적으로 하락하고 있다면 '해당 기업의 환경이나 기업 가치가 나빠지는 과정에 있다'고 판단합니다. 만일 특별한 추세가 없는 '비추세'의 모습을 보인다면 저는 '기업의 가치가 균형 가격에 머물러 있는 상황에서 환경이 변하지 않음에 따라 기업 가치도 이 균형 가격에서 특별히 변하지 않는 상태'라고 인식합니다. 매일매일의 가격이 완전한 균형 가격이 아니더라도 말입니다. 저는 추세를 이렇게 여기고 있기에 효율적 시장이라는 관점을 가지더라도, 추세라는 또 하나의 변수를 통해 투자하고 수익을 낼 수 있다고 생각합니다. 그래서 추세추종 투자 전략은 시장이 충분히 효율적이라는 관점에서 출발해야 합니다. 달리 표현하면 효율적인 시장 관점이란 '내가 어떤 주식을 사서 손해를 보고 있다면, 그건 내 판단이 잘못된 것이지 주가가 잘못된 것이 아니라는 것'입니다. 대신 효율적인 시장 가설이라 하더라도 하루하루의 주가는 불안정하기에, 추세에 따른 흐름이 가장 신뢰가 있다고 봅니다.

이러한 이유로 효율적 시장 가설과 비효율적 시장 가설은 투자 전략 자체가 완전히 반대되는 경향을 띕니다. 비효율적 시장 가설은 '내 판단이 시장 가격보다 더 정확하다는 관점'이기에 손해를 보고 있을 때 더 사는 과정, 소위 '물타기'가 용납됩니다. 가격의 왜곡이 더 심해진 상황이기에 기대수익률은 더 올라갈 것이고, 그러면 물타기를 하지 않을 이유가 없습니다. 하지만 효율적인 시장 가설에 따른다면 물타기가 아니라 '불타기'를 해야 합니다. 투자 결과가 좋지 않다면 '내 판단이 잘못된 것'이기 때문입니다. 이때는 물타기를 할 이유가 없고, 대신 불타기를 할 수 있습니다. 주가가 상승한다는 것은 해당 기업의 환경과 기업의 가치가 더 좋아지는 방향으로 흘러간다는 뜻이 되기 때문입니다. 불타기를 해서 이 주식을 더 많이 가지고 있어야 하는 충분한 이유가 된다는 것이죠. 이는 효율적 시장 가설과 비효율적 시장 가설을 구분하는 가장 극명한 지점이라 볼 수 있습니다.

효율적 시장 가설과 비효율적 시장 가설 중 무엇이 더 우위에 있는지 논하는 건 큰 의미가 없습니다. 그보다는 자기의 능력, 성향에 맞는 가설을 받아들이는 것이 더욱 중요하기 때문이죠. 저는 제 능력을 고려했을 때 '시장이 나보다 훨씬 더 많은 정보를 가지고 있다고 판단하는 것이 타당하다'고 생각했고, 그래서 효율적 시장 가설을 받아들였습니다. 다만 매일매일의 주가가 불안정하기에 좀 더 신뢰할 수 있는 '추세'를 중심으로 투자했습니다. 주식투자에서 철학이 가지는 힘은 이렇게 중요합니다. 똑같은 주식을 가지고도 투자 철학에 따라 완전히 상반되는 결정을 할 수 있기 때문입니다. 그런데 주식투자를 위한 '투자 철학 확립'보다 더 중요한 것이 있습니다. 바로 시장을 바라보는 관점과 철학, 투자 방법, 투자의 대상이 논리적으로 일관되어야 한다는 것입니다. 책의 전반적인 내용을 관통하고 있는 것도 이 '일관성'이며, 글을 통해 수시로 강조하겠습니다.

주식투자를 할 때는 '내가 시장을 어떻게 바라보는가?'에 대한 투자 철학 성립이 중요하다고 얘기했는데요. 모든 자산운용사가 자신들의 회사를 소개하거나 펀드를 소개할 때 이 투자 철학부터 이야기하는 이유도 여기에 있습니다. 설령, 소액 투자라고 해도 시장에 대한 관점은 가지고 있어야 한다는 것이죠. 관점의 유무, 일관성의 유무에 따른 성과 차이는 실로 엄청납니다. 이런 표현이 어떨지 모르겠으나 시장을 바라보는 관점과 이에 따른 일관된 투자 방법을 가지고 있지 않은 사람이 주식투자를 통해 수익을 냈다면, 정말이지 운이 지독하게 좋은 사람일 것입니다. 추세 추종 투자 전략의 입장에서 다시 한번 정리해 보겠습니다. 추세추종 전략은 '시장이 충분히 효율적이라는 생각'에서 시작합니다. 다만 온 세상의 삼라만상이 시간의 흐름에 따라 변하는 것처럼 주식의 가치 역시 계속 변하게 되는데 이것이 주식에게는 '추세'라는 형태로 나타난다고 저는 생각합니다. 불안정한 주가 속에서 추세 만큼 신뢰할 수 있는 요소가 드물기도 하고요.

이렇듯 주식을 추세의 관점에서 바라보고, 판단하고, 투자 전략을 수립하는 것이 바로 추세추종 전략입니다.

추세추종 전략을 위한 투자 자산 바로 알기

성공적인 투자를 위해서는 분명한 철학을 가지고 이에 맞는 일관된 투자를 해야 한다고 앞서 얘기했는데요. '일관된 투자'는 자신이 믿는 투자 철학과 일맥상통하는 투자 방법을 취하고, 이를 투자 대상에 잘 적용하는 것을 뜻합니다. 저는 이 책을 통해 추세추종 전략을 소개하고 있는데요. 이번 장에서는 앞서 설명한 효율적 시장 가설과 추세추종 투자 전략에 맞는(혹은 일관성이 있는) 투자 대상에 대해 짚어보겠습니다. 추세추종 전략이 '시장이 효율적이라는 가설'에서 출발한다는 건 이제 알고 있을 거라 생각합니다. 사실 금융시장에는 효율적 시장 가설이 더 적절한 자산이 있는가 하면, 비효율적 시장 가설이 더 적절한 자산도 있습니다. 그래서 이를 잘 구분해 투자해야 합니다.

효율적 시장 가설이 잘 적용되려면 기본적으로 큰 거래 규모로 인해 왜곡이 쉽사리 나타나기 어려운 투자 자산이어야 합니다. 정보의 비대칭성도 낮고 일부 세력들에 의한 가격 왜곡 가능성이 낮아야 한다는 것이죠. 금융자산으로는 채권, 원자재, 통화 등이 있을 것이고 주식 시장에는 지수, 대형주, ETF 등이 이에 해당합니다. 애플이라는 회사를 예로 들겠습니다. 애플의 시가총액은 4,500조 원이 넘고 이 주식을 거래하는 사람들은 전 세계에 셀 수 없을 만큼 많습니다. 이는 사고파는 과정을 통해 정의되는 시장 가격에 왜곡이 발생하기 힘든 까닭이기도 하죠. 또한 애플 같은 회사에 대한 정보는 비대칭성을 갖기 어렵습니다. 수많은 전문 분석가들이 자신들의 의견을 공개적으로 제시하기 때문입니다.

● **정보의 중요성**

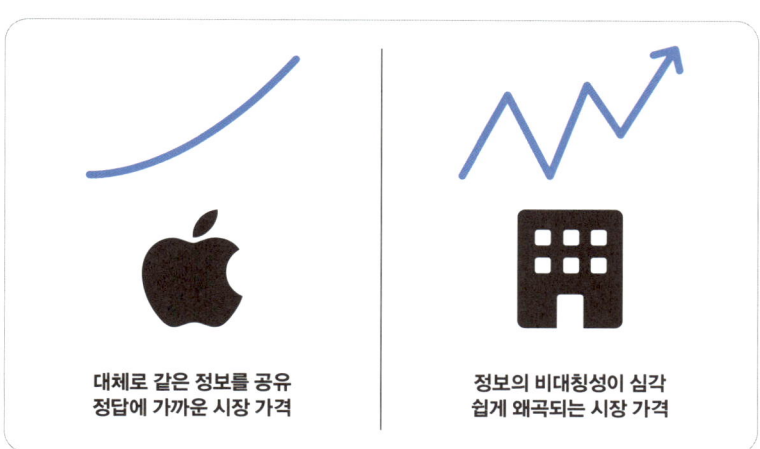

따라서 애플 같은 회사에 시장 가격의 왜곡을 이용하는 '비효율적 시장 가설'의 적용은 사실상 어렵습니다. 이런 자산은 시장 가격이 정답이라는 효율적 시장 가설을 적용할 때 투자의 기회가 더 많이 생기고, 위험 관리 또한 쉬울 겁니다.

이번에는 시가총액이 500억 원 정도 되는 회사를 예로 들어보겠습니다. 이 정도 규모의 회사는 시장에 잘 알려지지 않은 경우가 많습니다. 그래서 정보의 비대칭성이 크고, 자금력이 강한 기관이나 큰손들의 의도에 따라 주가가 움직이는 경우도 많을 겁니다. 현역 시절, 부서 막내가 기업 방문을 다녀온 후 한 기업을 추천한 일이 있습니다. 꼼꼼히 분석한다고 애쓴 것이 기특해 "네 책임하에 3% 한도로 투자해 봐라"라고 지시했죠. 당시 부서 운용 한도가 1,000억 원이었기 때문에 3%라도 30억 원에 달하는 큰 금액이었습니다. 보름 정도 지나고 보니 주가가 상당히 많이 올라 있었습니다. 그런데 자세히 보니 막내 직원이 그 주식을 사느라 올라간 것이었고, 정작 회사가 좋아져서 올라간 것은 아니었습니다. 그리고 얼마 후 시장 정보지에 그 기업에 관한 정보가 떴습니다. '모 기관 매집 중'이라고 말입니다. 얼마나 황당했는지 모릅니다. 저는 그저 교육 차원에서 시행한 것인데, 시장에는 마치 모 기관이 대단한 이유로 매집 중인 것으로 알려졌기 때문입니다.

이렇게 규모가 작은 기업의 경우 정보의 비대칭성도 높고, 일부 어설

픈 기관이나 큰손들에 의해 주가의 왜곡도 심하게 발생합니다. 그러니 이런 기업들에 투자할 때는 '비밀스러운 정보를 내가 먼저 알고 있거나 분석을 해봤더니 확실히 잘못 평가되었다'고 확신하여 투자하는 '비효율적 시장 가설'을 적용하는 것이 훨씬 유리할 것입니다. 앞서 효율적 시장 가설과 비효율적 시장 가설 중 무엇이 더 우위에 있는지 논할 이유가 없다고 말했는데요. 그런 것은 훌륭한 학자들에게 맡기면 됩니다. 진짜 중요한 것은 자신이 받아들인 가설이 조금이라도 더 잘 적용될 수 있는 대상에 투자하는 것이죠. 그런즉 애플을 분석한 후 '저평가냐? 고평가냐?'를 논하는 것은 큰 의미가 없습니다. 반대로 상승추세에 있는 아주 작은 중소형주의 주가를 보며 '이 주가는 상승추세야!'라고 오롯이 받아들이는 것 또한 위험한 투자가 될 것입니다. 그렇기에 올바른 투자 철학과 일관성을 가지고, 시장 관점에 맞게 투자 대상을 선정해야 합니다.

저는 효율적 시장 가설이라는 철학 아래 추세를 추종하는 전략으로 투자합니다. 그 때문에 현역 때 저의 투자 유니버스(투자 대상) 안에는 시가총액 2조 원 이하의 주식은 없었습니다. 시가총액 2조 원이 당시의 마지노선이었고, 그래서 많은 분들이 물어보는 중소형주에 대해 저는 거의 알지 못합니다. 대신 시가총액이 크다면 해외주식에 투자하는 것도 마다하지 않았습니다. 이 기업의 사업 구조가 어떤지, 어떤 일이 벌어지면 이 회사의 경영환경이 좋아지는지 혹은 나빠지는지 알 수 있으면 제겐 국내기업이나 해외기업이나 크게 다를 게 없었기 때문입니다. 대신 저와 완전히 반대로 비효율적 시장 가설에 기반하여 기업의 저평가나 고평가를 고민하는 투자자라면 되도록 대형주, 지수 등 큰 규모의 자산 투자는 피하고 정보의 비대칭성이 큰 자산에 집중하길 바랍니다.

> "KOSPI 지수가 P/E 1x 이하로 내려왔습니다. 지금부터는 저평가 영역이니, 매수로 대응해야 합니다."

이런 분석을 종종 보았을 것입니다. 제 기준에서 이런 분석은 '시장이 자기보다 똑똑하지 않다'라는 이야기로 들려 그렇게 귀담아듣지 않습니다. 반대로, 아주 작은 기업이지만 풍부한 분석과 고민이 들어 있는 보고서라면, 저와 투자의 결이 다를지라도 존중하고 경청합니다. 한 번 더 강조하겠습니다. 투자자는 어떤 관점으로 주식 시장을 바라볼 것인지에 대한 투자 철학이 수립되어 있어야 하며, 이 철학에 해당하는 투자 방법이 잘 들어맞는 적절한 투자 대상을 찾을 수 있어야 합니다. 이것이 제가 생각하는 '투자', 혹은 '투자자'의 본질입니다. 이것만 기억해도, 큰 손해는 피해갈 수 있습니다.

정보의 비대칭성이란?

단어만 들으면 어색하지만, 매우 간단한 개념이다. 정보가 사람들에게 널리 알려진 회사라면 비대칭성이 낮다고 본다. 반대로 '소문내지 말고, 너만 알고 있어'라고 누군가 이야기한다면, 정보의 비대칭성은 높아진다.

불공평한 싸움에서 이기는 유일한 방법

우리나라 개인투자자 중 많은 분들이 중소형주 투자를 좋아합니다. 대형주에 비해 높은 변동성을 가지고 있어 아무래도 기대수익이 높기 때문일 것입니다. 하지만 이런 중소형주에 투자하려면 자신의 투자 철학이 비효율적 시장 가설에 기반을 두고 있어야 합니다. 앞서 말했듯 중소형주는 대형주에 비해 정보의 비대칭성이 높고, 상대적으로 주가 자체나 추세를 대형주보다 신뢰하기 어렵기 때문입니다. 그렇다면, 정말 개인투자자들에게 비효율적 시장 가설에 의한 투자가 경쟁력이 있을까요? 비효율적 시장 가설에 의한 투자는 정보의 비대칭성이 높고, 시장 왜곡이 심한 주식에 투자할 때 보다 효과적이라고 얘기했는데요. 처음부터 꼼꼼히 따져 보겠습니다.

우선 정보의 비대칭성에서 개인투자자는 기관투자자보다 불리한 것이 사실입니다. 기업에 방문하려 해도 쉽지 않고, 애널리스트의 세미나에 참여하기도 어렵습니다(대단한 것도 아니고 잘 맞지도 않습니다). 유튜브나 텔레그램 등에 수많은 정보가 떠다니는 세상이지만 정보의 비대칭성이 해소되었다고 보기는 여전히 힘들고요. 아마 여러분이 어떤 기업의 정보를 들으셨다면 그 정보는 '이미 아는 사람은 다 알고 있는 정보'일 확률이 높습니다. 100%라 할 수는 없지만, 정보와 현상을 해석하는 능력 역시 아무래도 직업적 투자자(기관투자자, 외국인 투자자)보다 앞선다고 보기 어렵습니다. 물론 직업적 투자자라고 해서 모두 투자를 잘한다고 볼 수는 없지만, 최소한 큰 규모의 자금을 운용하기 위해 전문적인 교육과 훈련으로 단련된 사람들일 테니까요.

수급에서도 열위에 있음은 분명합니다. 아무리 높은 수익을 낸 '슈퍼개미'라도 외국인이나 기관들의 자금력을 이길 수는 없습니다. 저는 3,500억 원까지 운용했던 기관투자가였습니다. 이 규모도 다른 기관투자가들이나 외국 투자가들 사이에서는 결코 큰 편에 속하지 않았습니다. 이렇게 보면, 개인투자자들의 중소형주 투자는 어쩌면 한쪽으로 급격하게 기운 운동장에서 경쟁하는 것과 다를 바 없습니다. 반대로 대형주는 이보다 덜 기울어진 운동장입니다. 기관으로서도 정보의 우위는 없고, 시세의 영향력도 극히 제한적입니다. 개인투자자들에게 공정한 경쟁을 할 수 있게 해주는 것은 오히려 대형주라는 것을 이해하길 바랍니다.

가능한 한 넓은 영역에서, 쉽게 투자할수록 저의 성과는 좋았습니다. 그래서 많은 분들께 "안 그래도 어려운 주식투자를 왜 더 어렵게 하려 하나요?"라고 말합니다. 쉬운 투자 방법은 없지만 '조금 더 쉽게 하는 방법'은 있습니다. 그 첫 번째 방법이 바로 '조금은 덜 기울어진, 공정한 경쟁이 가능한 대형주 시장'입니다. 제가 대형주를 대상으로 한 추세추종 투자를 택한 이유도 마찬가지입니다. 저는 주니어 시절, 정보 회의만 3곳 이상 참여했습니다. 지금이야 어느 정도 정보가 대중화되었지만, 당시에는 정보에도 확실히 그들만의 리그가 있었습니다. 저 역시 리그 안에서 정보의 우위를 누렸고요. 이를 바탕으로 소위 '정보 매매'라고 하는 개별 종목 매매에 주력한 적도 있습니다.

거기에 그치지 않고 리서치 센터에서 산업분석과 기업분석을 열심히 배우기도 했습니다. 전문운용역이 가져야 하는 자격증 중 우리나라에서 받을 수 있는 것은 모두 가지고 있고, 미국의 국제재무분석사 공부도 했습니다. CFA Institute(구 AIMR, 미국 투자관리 및 연구협회)에서 주관하며 금융, 투자 분석, 포트폴리오 관리, 윤리 기준 등에 대한 전문 지식과 실무 역량을 인증하는 국제 자격증입니다. 아이러니한 건 그렇게 얻은 정보와 지식을 바탕으로 투자할 때보다 추세추종 투자를 시작하고 나서의 운용 성과가 더 좋았다는 것입니다. 물론 제 경험이 세상 모든 투자를 다 설명할 수는 없겠지만, 수많은 경험을 토대로 내린 저의 결론이라는 것을 알아주었으면 합니다.

chapter 2

추세추종 투자 전략의 시작

— 두텁고 안전하게 자산을 증식하는 1등 투자자

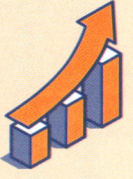

자산 배분이 쉬워진다

저는 이 책을 통해 추세추종 투자의 '처음과 끝'을 얘기해 보려 하는데요. 2장에서는 추세추종 투자로 얻을 수 있는 장점들을 하나씩 설명해 보겠습니다. 물론, 추세추종 투자가 세상에서 가장 완벽한 투자법은 아니

● **주식투자의 3단계**

기에 단점 역시 존재합니다(추세추종 투자의 단점은 2장 후반부에서 언급하겠습니다).

주식투자의 과정은 자산 배분, 포트폴리오 구성 및 관리, 트레이딩이라는 매우 중요한 3단계의 과정을 거칩니다. 자산 배분은 '얼마큼의 주식을 가지고 있을 것인가?'를 결정하는 과정이고, 포트폴리오 구성 및 관리는 '어떤 종목을 가지고 있을 것인가?'를 결정하는 과정입니다. 그리고 트레이딩은 '결정한 이 종목을 얼마에 사고 얼마에 팔 것인가?'를 결정하는 과정입니다. 여기서 질문 하나를 던지겠습니다.

> "자산 배분, 포트폴리오 구성 및 관리, 트레이딩, 이 3가지의 과정 중 실제 내 수익에 가장 큰 영향을 미치는 단계는 무엇일까요?"

이에 대한 학자들의 많은 연구가 있었습니다. 그 결과, 가장 지대한 영향을 미치는 단계는 다름 아닌 '자산 배분'이었습니다. 어렵게 생각할 것도 없습니다. 1억 원으로 20%의 수익을 올린 것과 2,000만 원으로 50%의 수익을 올린 것 중 어느 쪽이 더 높은 수익인지 생각하면 아주 간단하게 이해될 것입니다. 투자 성과에 자산 배분은 보통 80% 내외의 영향을 미친다고 알려져 있습니다. 이는 거의 절대적인 영향이며 그래서 자산 배분이 중요합니다. 그러나 실제로 개인투자자들을 만나보면, 오히려 가장 중요한 자산 배분에 대한 고민을 하지 않고 있다는 맹점을 발견하게 됩니다.

"종목 하나 줘봐!"

제가 기관투자가로 오래 일을 한 탓인지 주식에 관심 있는 지인들은 저를 만날 때마다 항상 이런 질문을 던집니다. 그래서 종목을 겨우(아주 무책임하게) 얘기하면 곧바로 다음 질문이 이어집니다.

"오, 지금이라도 살까?"

첫 번째 질문은 포트폴리오 구성에 관한 질문이고, 두 번째 질문은 트레이딩에 관한 질문입니다. 정작 가장 중요한 질문은 거의 안 하고 있다는 게 문제입니다. 저는 이것이 우리나라 개인투자자들이 주식투자로 좋은 성과를 만들어내지 못하는 가장 큰 이유라고 생각합니다. 앞으로는 저와 같은 전문가를 만날 때 이런 질문을 던지길 바랍니다.

"앞으로 시장이 어떻게 될까? 본격적으로 들어가도 괜찮은 시기일까?"

자산 배분이란?

자산 배분은 가장 중요한 단계이기에, 이에 관해 좀 자세히 짚어보겠습니다. 자산 배분은 굉장히 어렵고 복잡한 과정일 수도 있고, 한편으로는 지극히 당연한 과정일 수도 있습니다. 자산 배분이라 함은 '현상황을 고려했을 때, 나의 전체 자산에서 주식의 비중을 얼마큼 가져갈까?'에 대한 문제입니다. 자산 배분은 크게 두 단계로 구분됩니다.

① 자산 배분 1단계: 주식 비중부터 결정하라

첫 번째는 전체 자산에서의 주식 비중 결정입니다. 내 전체 자산 중 부동산은 얼마의 비중으로, 채권은 얼마의 비중으로, 주식은 얼마의 비중으로 가져갈 것인지 결정하는 과정이라 생각하면 쉽습니다. 내 자산의 상황, 내가 목표하는 재테크의 방향성을 고려하여 비중을 정하는 과정입니다. 많은 분들이 PB(프라이빗 뱅커, Private Banker)의 도움을 받고 있는 부분이기도 한데요. 이 과정에서의 자산 배분은 보유하려는 자산의 성격에 따라 보유 기간이 다르다는 특징이 있습니다. 특히 부동산과 금융자산은 보유 기간의 차이가 확연합니다. 그렇기에 자산의 성격에 따라 큰 테두리에서 자산 배분을 하게 되고, 금융자산의 경우 따로 자산 배분을 하게 됩니다. 금융자산도 채권, 주가연계증권(ELS)처럼 만기 이익이 고정된 'Fixed income' 자산과 그렇지 못한 주식으로 구분됩니다(주식 배당의 경우 주가가 변하기 때문에 fixed income 자산으로 보기 어려움). 따라서 금융자산이라 해도 자산의 투자 기간이 같을 수 없다는 것이죠.

저는 채권 투자도 추천하고 싶은데요. 다만, 개인투자자들은 기관투자자들과 달리 채권은 대부분 만기 보유를 목표로 해야 한다고 생각합니다. 만기 보유를 하지 않을 시 금리의 동향에 따라 주식처럼 사고팔아야 하는데 이 과정이 복잡하고, 주식투자 이상의 공부가 필요하기 때문입니다. 그래서 개인투자자들은 채권은 만기 보유를 염두에 두는 것이 좋습니다. 가령 만기 3년 미국채를 샀다면 투자 기간은 기본적으로 3년이 됩니다. 만기 2년 ELS를 투자했다면 조기 상환이 되지 않는 한 투자 기간은 2년 고정입니다. 이렇듯 금융자산 가운데 fixed income 자산은 대략적인 만기가 있으니, 이를 고려해 자산 배분을 하면 되겠습니다.

주식의 만기는 그보다 짧을 수도 있고 더 길어질 수도 있습니다. 특별히 만기가 없다는 뜻이기도 한데요. 그래서 금융자산 중 주식에 대한 자산 배분은 대략 1년 단위로 '전체 자산에서 주식에 얼마큼 투자할 것인가?'로 정하는 것이 가장 손쉬운 방법이라 할 수 있겠습니다. 물론, 이 역시 완전한 방법은 아닙니다. 만약 주식을 하는 이유가 자녀에게 유산으로 물려주기 위함이라면 1년 단위의 자산 배분이 필요하지 않습니다. 배당투자가 목표라고 해도 1년 단위의 자산 배분은 그다지 필요치 않고요. 이렇듯 첫 번째 자산 배분 과정은 매우 다양한 경우의 수를 가지고 있고, 정답이 없으니 상황에 따라 모두 달라진다는 것을 기억하세요.

② 자산 배분 2단계 : 주식 비중 조절

두 번째 자산 배분 과정은 비교적 간단합니다. 1년 단위로 정해진 주식투자 비중에서 '실제로 얼마큼을 주식으로 가져갈 것인가?'를 고민하는 과정입니다. 물론 두 번째 자산 배분 과정은 고려하지 않고, 1억 원을 투자하기로 했으면 무조건 1억 원어치 주식을 가지고 있을 수도 있습니다. 하지만 이는 그리 효율적인 방법이 아닙니다. 아시다시피 주식은 굉장히 다이내믹하고 손실의 위험이 늘 따라붙는 자산입니다. 정해진 만기 보유 이익이 없기에 더욱 그러합니다. 따라서 우리는 두 번째 자산 배분을 등한시해서는 안 됩니다. 즉, 올해 주식에 투자할 금액이 1억 원이라면, 여기서 또 어떻게 배분할지 고민해야 한다는 겁니다.

20년 넘게 현역으로 활동하면서 1년 단위로 손실을 거의 내지 않았다는 이유로 여의도 증권가에서는 제 이름이 자주 오르내렸습니다. 2008년 금융위기 같은 강력한 위기에서도 손실을 내지 않은 비법은 다른 게 아니었습니다. 그저 '주식을 거의 하지 않았을 뿐'이었죠. 어떻게 보면 두 번째 자산 배분의 승리인 셈입니다. 자산 배분 두 번째 단계, 즉 주식 비중 조절 단계를 설명하기 위해서는 제가 생각하는 주식투자의 이유와 주식이 주는 효용을 설명하지 않을 수 없는데요. 저는 주식투자의 이유를 오직 '돈을 벌기 위해서'라고 생각합니다. 다른 이유는 없습니다. 그래서 주식이 저에게 효용을 주는 경우는 오직 '주가가 오를 때뿐'이라고 단정합니다.

만약 부자 동네로 소문난 지역에 내 집이 있다면 자산도 자산이지만 나의 삶이 최소한 경제적으로는 성공했다는 '어깨 뿜뿜'의 효용이 있습니다. 그렇지만 주식은 다릅니다. 내가 대한민국 시가총액 1위인 삼성전자의 주주라 할지라도 '어깨 뿜뿜'의 효과는 없습니다. 제아무리 삼성전자라 해도 주가가 오르지 않으면 아무 소용이 없다는 것입니다. 그래서 제가 가장 좋아하는, 가장 높은 가치를 부여하는 주식은 '저평가된 주식'도 아니고 '성장성 있는 주식'도 아니며 '세상을 바꾸는 주식'도 아닙니다. 오로지 '오르는 주식'입니다. 결국, 주식은 주가가 오를 때만 그 효용이 발생합니다. 제가 주식의 효용에 대해 말하는 이유는 이 효용을 기준으로 주식투자를 결정하게 되면 자연스럽게 효과적인 자산 배분을 결정할 수 있기 때문입니다. 그러면 "너는 이 주식의 효용을 무엇으로 판단하지?" 같은 질문을 던질 수 있겠는데요. 저는 주식의 효용을 가장 직접적으로, 가장 명료하게 알려주는 것이 '추세'라고 생각합니다. 조금은 냉정하고 차갑게 들릴 수도 있겠지만, 오르는 주식이 아니라면 투자에 큰 의미가 없습니다.

자산 배분을 편하게 만드는 추세추종 전략

주식투자는 '미래를 예측'해야 한다는 어려움이 있습니다. 그러나 굳이 이 어려운 길을 택하지 않아도 수익을 낼 수 있는데요. 시장이 하는 이야기를 잘 듣고, 시장이 하라는 대로 그대로 따라 하기만 해도 충분히 가능한 일입니다. 시장은 추세를 통해 미래 가치의 변화를 보여주기 때문에 추세를 고려하는 동시에 시장의 이야기를 들으면 된다는 것이죠. 저는 이것이 또한 '자산 배분'에 그대로 적용된다고 생각합니다. 기대수익을 계산하고 위험을 측정하는 어렵고 복잡한 과정을 거치지 않아도, 현재 상황에 맞게 자산 배분을 할 수 있습니다.

가령 경제지표의 추세가 긍정적인 방향을 제시하고 있고, 주식 시장에 상승추세를 보이는 개별 종목들이 많다면 이는 지금 시장이 '좋은 주식 시장'이라고 이야기하는 것과 같습니다. 주식 시장이 '지금 열심히 투자해'라고 말하고 있다고 판단하면 되는 것입니다. 그러면 우리는 이 시장의 이야기에 따라 주식투자를 열심히 하기만 하면 됩니다. 즉, 이때는 주식 비중을 높게 가져가도 괜찮다는 뜻이죠. 반대로 경제지표와 다른 금융시장 가격지표가 '경기가 좋지 않음'을 향하고 있고, 주식 시장에 상승추세를 보이는 종목들이 거의 없다면 이는 '시장이 좋지 않으니 투자를 열심히 하지 말라'는 주식 시장의 이야기입니다. 애써 미래를 예측하지 않고, 그저 주식의 비중을 낮게 가져가면 되는 것입니다.

이렇게 한다면 극단적인 위험에 처했을 때 보유 주식을 현저하게 줄임으로써 손실을 방어할 수 있습니다. 반대로 좋은 시장이 도래했을 때는 주식 비중을 높게 가져가면서 수익을 올릴 수 있고요. 결국, 추세라는 변수를 이용하면 주식투자에서 가장 중요한 단계인 '자산 배분'이 훨씬 수월해집니다. 추세추종 투자 전략의 큰 장점 가운데 하나라는 얘기죠.

ELS는 정확히 어떤 자산인가요?

ELS는 Equity Linked Security의 약자로 '주가연계증권'을 의미한다. 주가의 변화에 따라 수익률이 정해지는 금융상품으로, 특정 주식의 성과에 연계되어 수익이 결정된다. 현물 주식이나 펀드와 달리 기대수익률이 아닌 확정수익률이기 때문에, 이론상 블랙 스완이 없고 예상대로만 시장이 흘러간다면 계약 만료 시점에서 약정된 수익을 얻을 수 있다. 더불어 높은 위험도를 지닌다.

위험 관리에 유리하다

 이번 장에서는 추세추종 투자의 두 번째 장점인 '위험 관리'에 대해 얘기해 볼까 합니다. 사실 투자의 세계에서 '위험'이라는 주제는 굉장히 중요한 주제입니다. '위험'이라는 주제 하나만으로도 수많은 박사 논문과 저서가 출간될 정도지요. 그만큼 어렵고, 어찌 보면 굉장히 광범위한 주제이기도 합니다. 이 어려운 주제를 제가 드릴 수 있는 가장 쉬운 언어로, 그리고 추세추종 투자와 연관 지어 얘기해 보겠습니다.

다가가기엔 너무 먼 위험 관리

거의 모든 투자는 '불확실성'에 대한 보상의 과정입니다. 투자의 세계에서 위험이란 바로 이 불확실성을 이야기하고, 투자의 기대수익은 이 위험에 따른 보상을 뜻하는 것이죠. 미국 국채에 투자하는 것과 국내 주식에 투자하는 것을 비교해보겠습니다. 미국 국채에 투자하게 되면 약속된 비율의 이자수익(쿠폰)을 보장받습니다. 만기 보장 수익률 4%, 만기 3년인 미국채에 투자한다면 3년 동안 연 4%의 수익 발생을 보장받는 것입니다. 이때 존재할 수 있는 불확실성(위험)은 '이 채권을 발행한 미국 정부가 만기에 보장된 이자를 주지 못하는 상황'입니다. 물론 이 외에도 다른 불확실성이 존재하지만 가장 큰 불확실성(위험)은 이 정도입니다. 얼른 생각해도 가능성이 크지 않은 불확실성입니다. 다시 말해 위험도가 낮다는 것이고 그렇기에 이 불확실성에 대한 보상, 기대수익이 낮은 것입니다.

이번에는 국내 주식투자를 생각해 보겠습니다. 생각만 해도 불확실성이 많은데요. 물론 주식에도 배당이라는 보장된 이익이 존재하지만 주가의 변동에 따라 이 보장된 배당은 수익률이 크게 변하게 됩니다. 따라서 보장된 수익은 맞지만 보장된 수익률로 볼 수는 없으며, 또한 이 회사의 생사 역시 불확실하기에 배당이 약속대로 지급된다는 보장도 사실상 없습니다. 주식투자에 수많은 불확실성이 존재한다고 생각할 수 있는 이유입니다. 앞서 얘기한 것처럼 불확실성이 높다는 것은 위험도가 크다는 것이고, 위험도가 큰 만큼 기대수익 역시 커야 하는 게 당연합니다.

결국, 투자에 대한 불확실성이 '위험'이고 그 위험의 보상이 기대수익이기에 위험이 커질수록 응당 기대수익이 증가해야 합니다. 그런데 투자에서 위험을 불확실성으로 생각한다면 개념적으로 접근하기가 조금 어렵습니다. 특히 주식의 경우 불확실성 요인이 너무나 많기에 이를 하나하나 헤아리고 측정하는 것은 전문가가 아닌 이상 쉽지 않습니다. 전문가의 영역에서는 이를 보통 수학으로 접근하고, 그래서 금융기관의 위험 관리 담당자는 대부분 수학을 전공한 사람들입니다. 우리 같은 개인투자자들에게도 위험에 대해서 직관적으로 이해하기 힘든 '수학'으로 설명합니다. 한 번쯤 들어보았을 '시그마'가 그 대표적 예인데요. 불확실성, 위험의 측정 단위입니다.

투자의 세계에서 가장 중요한 위험 관리를 '제대로' 해 보고자 한다면, 앞서 얘기한 것처럼 지극히 '전문 지식의 영역'으로 가버리게 됩니다. 그런데 문제는, 전문적으로 보이는 이 수학적 접근조차 또 그렇게 정확하지가 않다는 거죠. 예컨대 21세기 금융 역사상 최대의 위기를 꼽자면 2008년 미국 서브프라임 모기지 위기, 2010년 유럽 재정 위기일 것입니다. 그런데 이와 관련된 금융상품의 측정된 위험 값은 미국 서브프라임이 8 시그마, 유럽 재정이 10 시그마였습니다. 8 시그마가 어느 정도로 낮은 불확실성인가 하면 26번 연속으로 로또 1등에 당첨될 만큼의 희박한 확률입니다. 10 시그마는 그보다 더 낮고요. 그런데 이렇게 낮은 불확실성(위험)임에도 불구하고 2년 사이에 이와 관련된 상품들 모두 약속한 수익을 보장하지 못했습니다. 전문가들이 어려운 수학으로 풀어내고 측정한 위험의 관리 역시 완벽하지 않다는 단적인 예라고 볼 수 있겠습니다.

이렇게 위험이라는 것은 전문적으로 측정해도 완벽하지 않습니다. 그 때문인지 많은 개인투자자들이 위험을 그저 '막연한 개념'으로만 생각하고, 투자할 때는 오직 기대수익에만 집중하게 됩니다. 기대수익은 위험에 비해 상대적으로 직관적이기 때문입니다. '목표주가 얼마', 혹은 '얼마까지 올라갈 듯' 등이 바로 우리가 투자하면서 쉽게 접근하는 기대수익의 특징입니다. 위험은 어렵게 느껴지고, 기대수익은 직관적이라는 점이 우리의 투자를 역으로 힘들게 만들고 있는 것입니다.

최악만 아니면 된다

> "최악으로 치닫지 않고 버틴다면 주식투자는 반드시 성공한다."

이 문장은 제 주식투자 성공의 첫 번째 명제입니다. 속된 말로, 죽지만 않고 버티면 언젠가는 수익을 낼 수 있다는 것입니다. 제가 이렇게 생각할 수 있는 건 '계속 발전하는 세상' 때문입니다. 거의 모든 나라의 주식 시장을 장기 그래프로 놓고 보면 중장기적으로 늘 우상향합니다. 디플레이션의 위험에 빠진 국가가 아니면 대부분 그렇습니다. 상승하는 정도의 차이만 있을 뿐, 거의 모든 주식 시장은 우상향하고 그래서 결과적으로 좋은 성과를 내게 되어 있습니다. 대신 주식은 다른 어떤 금융자산보다 위아래로 심하게 흔들리는 경우가 많습니다. 이때 위험 관리만 제대로 할 수 있다면 투자는 점점 더 성공에 가까워집니다.

그럼에도 주식투자가 많은 이들에게 실패를 안겨주는 이유는 위아래로 흔들리는 과정에서 관리가 부족해 최악의 상황으로 내몰리기 때문입니다. 여기서 말하는 '최악의 상황'이란 각자의 형편에 따라 달라질 텐데요. 개인투자자의 경우 계좌 평균 수익률이 -70% 이상, 저와 같은 프랍 트레이더의 경우 회사가 정해준 손실 한도를 넘어서면 운용이 중단되고, 더 이상 일을 못 하게 될 수도 있습니다. 거듭 얘기하지만 이런 최악의 경우에 내몰리지만 않는다면 우리의 주식투자는 반드시 성공하게 되어 있다고 굳게 믿습니다. 그렇기에 투자에서 가장 중요한 것은 직관적인 기대수익이 아닌 '위험 관리'이고, 이는 제가 위험이라는 주제를 꺼내든 까닭이기도 합니다.

〰️ 위험에 대한 가장 단순한 접근: 위험은 내가 틀리는 것

'위험'이라는 것은 교과서적으로 보면 굉장히 어렵고, 정확하지도 않은 전문가들의 수학적 접근을 통해 구현되기에 더욱 어려워집니다. 그래서 저는 위험에 관한 가장 직관적이고 단순한 저만의 개념을 여러분께 알려드리고 싶습니다. 어쩌면, 이 문장 하나만 기억해도 좋을 것 같습니다.

> "위험은 내 판단이, 내 예상이, 내 포지션이 틀리는 것이다."

위험의 개념에 대한 이해나 고민 따위는 실제로 큰 쓸모가 없다고 생각합니다. 반대로 생각하면 좀 더 직관적으로 이해할 수 있을 것 같습니다. 만약 투자에 관한 모든 것을 다 정확히 예상하고 맞힐 수 있다고 한다면 위험은 사실상 없습니다. 21세기 최고의 위험이었다는 2008년 금융위기를 정확히 예측할 수 있었다면 그 사람에게는 2008년의 상황이 위험이 아니라 기회였을 것입니다. 영화 《빅쇼트》에 나오는 주인공들처럼 말입니다(이들은 모두 실존 인물로 2008년 금융위기로 막대한 수익을 올렸고, 월스트리트에서 최고의 명성을 누렸다). 세상 일을 모두 다 알 수 없듯 투자의 세계에서도 위험이라는 것은 제거할 수 없습니다. 즉, 위험은 '제거해야 하는 대상'이 아니라 '관리해야 하는 대상'인 것입니다. 가령 내 포지션이 잘못되어서 위험에 노출된다고 해도 최악의 상황으로 치닫는 것을 막는다면, 위험은 관리된다는 얘기입니다.

　설명을 돕기 위해 실제 있었던 일을 예로 들겠습니다. 자산운용사에서 10년 넘게 일했던 펀드 매니저가 제가 있던 부서에 프랍 트레이더로 온 일이 있습니다. 그 친구의 운용 규모는 500억 원이었고, 월간 손실 한도는 15억 원이었습니다. 그런데 이 친구는 자산운용사에서 펀드 매니저로 일하던 것처럼 오자마자 주식을 90%까지 채워버렸습니다. 그런데 일시적으로 증시가 약 7% 정도 조정을 받았습니다. 물론, 이는 충분히 있을 수 있는 일이었습니다. 7% 정도 조정을 받았다고 해서 이 친구의 관점이나 판단이 크게 잘못되었다고 볼 수도 없었습니다. 그러나 이 친구는 운용 첫 달에 30억 원에 달하는 손실을 기록했고, 운용 중단이라는 초유의 사태를 맞이했습니다. 특별히 잘못한 것도 없는데 최악의 상황으로 내몰린 것입니다. 위험 관리를 잘못한 탓입니다.

　투자의 세계에서 위험은 '내가 틀리는 것'이기에, 우리는 '언제든' 틀릴 수 있습니다. 그렇기에 우리는 늘 우리의 생각이 틀린다는 전제를 가지고, 틀렸을 때 최악으로만 가지 않도록 관리해야 합니다. 이것이 바로 투자의 세계에서 필요한 '위험 관리'입니다. 개인투자자들도 마찬가지입니다. 어떤 종목이든 10% 정도의 손절은 늘 할 수 있습니다. 그런데 이 10%의 손절이 세 번 연속된다고 하면, 아마 여러분의 계좌는 꼴도 보기 싫을 만큼 큰 손실로 이어질 것입니다. 그리고 세 번 연속 손절하는 것은 피할 수 없고, 그 역시 언제고 나타날 수 있습니다. 그러니 이 모든 상황에서도 최악으로 치닫지 않으려면, 수익을 제대로 쌓지 않은 상태에서 주식 비중을 100% 꽉꽉 채우지 말아야 합니다. 또한 한두 종목에만 집중해서도 안 될 것입니다. 그래야 세 번 연속 손절을 할지라도 여러분의 계좌는 안정적일 것이고, 최악의 상황으로 가지 않을 것이기 때문입니다.

위험 관리가 쉬워지는 추세추종 전략

저는 이 책을 통해 추세추종 전략을 얘기하고 있는데요. 이 추세추종 전략의 가장 큰 장점 중 하나가 바로 '위험 관리'입니다. 우리는 어떠한 자산에 투자할 때 항상 '효용'을 기대합니다. 예컨대 강남에 아파트를 산다고 했을 때, '이후에 아파트 가격이 오를 것'이라는 불확실한 효용 외에도 다른 효용이 존재합니다. 학군이 좋다는 효용, 인프라가 좋다는 효용, 부자 동네에 산다는 과시적 효용 등 크고 작은 다양한 효용이 있다는 얘기입니다. 그러나 앞서 언급했듯이 우리가 대한민국 1등 기업인 삼성전자(혹은 애플)의 주식을 가지고 있다고 강남 아파트를 사는 것 같은 효용은 발생하지 않습니다. 그리고 주식에 투자할 때는 그 회사의 주가가 상승할 때만 유일하게 효용이란 것이 발생합니다.

그래서 누군가 제게 가장 좋아하는 주식이 어떤 주식이냐는 질문을 던질 때, 현금 흐름이 좋은 회사의 주식, 성장성이 높은 회사의 주식이라고 답하지 않습니다. 저의 대답은 오직 '오르는 회사의 주식'입니다. 그러고 저는 주식이 주는 이 '효용'에만 집중합니다. 주식은 일시적으로 크게 오르는 경우도 있고, 추세적으로 꾸준히 오르는 경우도 있습니다. 굳이 따지자면 저는 후자, 추세적으로 꾸준히 오르는 주식을 좋아합니다. 앞에서 밝혔듯 저는 주식의 가치에 대해서 시장보다 더 많이 알고 있지 않다고 생각합니다. 주가가 추세적으로 오른다는 것은 이 회사가 추세적으로 점점 좋아진다는 뜻이고, 또 앞으로도 좋아질 가능성이 크다는 것을 시사합니다. 그래서 명확히 이 회사의 미래 가치에 대해서 이해하고 있지 않더라도, 규모가 큰 회사의 주식이 추세적으로 오르고 있다면 '제가 좋아하는 주식'이 될 수 있습니다.

제가 주식을 사는 이유는 주가가 '오를 것을 기대하기 때문'입니다. 그리고 주가가 오를 것을 기대하는 제가 생각하는 가장 손쉬운 방법은 '추세적으로 오르고 있는 주식을 사는 것'입니다. 그러면 이 측면을 가지고 '위험'을 이야기해보겠습니다. 추세적으로 오르고 있는 주식을 샀다면, 앞으로도 그렇게 추세적으로 오를 것이라는 기대를 갖기 마련입니다. 그랬을 때 내가 가진 포지션의 위험은 무엇일까요? 네, 맞습니다. 내 기대가 틀릴 때, 즉 더 이상 추세적으로 오르지 않을 때입니다. 그렇기에 이 추세의 관점에서 위험을 관리할 수 있습니다. 상승하는 추세가 유지되는 동안 포지션을 유지하고, 상승하는 추세가 사라지면 포지션을 없애면 됩니다. 가장 손쉽고 직관적인 투자 방법이자 위험 관리 방법이 아닐까 생각합니다.

제가 가지고 있는 주식을 팔 때는 주가가 더 이상 추세적으로 오르지 않는다고 판단될 때뿐입니다. 주가가 '하락할 것 같아서' 파는 경우는 없습니다. 하락을 예상해서 파는 것과 상승하지 않을 것을 예상해서 파는 건 결과는 비슷해 보일지라도 굉장히 다른 관점입니다. 저에게 횡보하는 주식이나 하락하는 주식은 크게 다르지 않습니다. 주식을 사는 관점도 마찬가지입니다. 주가가 가치 대비 저렴해서도 아니고, 미래가 기대되어 서도 아닙니다. 추세적으로 오르고 있고, 이후에도 오름세를 유지할 수 있을 거라는 기대가 있을 때 삽니다. 아무리 미래가 기대되는 기업의 주식이라 하더라도 주가의 상승이 추세적으로 움직이지 않는다면 사지 않습니다. 이렇게 주식을 사고팔 때 '추세'의 관점을 가지면 위험을 관리하는 방법도 아주 단순해집니다. 추세적으로 오르고 있는지, 그렇지 않은지만 판단하면 되기 때문입니다. 위험이란 결국 '내가 틀리는 것'인데 옳고 그름의 관점을 단순화한다면 그만큼 위험 관리도 수월해질 수밖에 없습니다.

그리고 이는 더 나아가 앞 장에서 얘기한 '자산 배분'과 직결됩니다. 추세적으로 오르는 주식이 시장에 많다면 내가 살 수 있는 주식이 많다는 것이고, 이에 집중하며 주식을 사다 보면 주식의 비중은 자연스레 높아질 것입니다. 추세적으로 오르는 주식이 많을 때는 전반적으로 시장이 좋은 편이며, 이렇게 시장이 좋을 때는 주식을 많이 가지고 있을 수 있습니다. 반대로 추세적으로 상승하는 주식의 수가 감소하기 시작하면, 차례로 팔면서 자연스럽게 주식의 비중이 줄어들 것입니다. 상승하는 종목이 줄어든다는 것은 시장이 나빠지기 시작한다는 증거이기에 '나쁜 시장에서 주식 비중을 낮게' 가져갈 수 있습니다. 또한 어떤 주식에 물려서 이러지도 저러지도 못하는 상황도 피할 수 있습니다. 주식의 효용이 무엇인지 상기한다면 하락하는 주식과 오르지 못하는 주식은 형태는 달라도 결국 똑같이 '가지고 있으면 안 되는 주식'이라는 것을 알게 됩니다.

이렇게 주식투자를 추세의 관점에서 생각하게 되면 투자의 세계에서 가장 어렵다는 '위험'과 '위험 관리'를 단순화할 수 있습니다. 가장 중요한 투자 단계인 자산 배분의 단계부터 위험 관리까지 쉽게 할 수 있게 되는 것입니다. 제가 수많은 시행착오를 거듭한 끝에 추세추종 투자 전략에 정착하게 된 것도 바로 이 때문입니다.

주식투자는 '확률 게임'이 아닌 '손익비 게임'

제가 프라이빗 뱅커나 주니어 전문운용역(펀드매니저, 프랍 트레이더)들에게 '위험'에 대한 강의를 하면서 마지막에 꼭 덧붙이는 얘기 하나가 있습니다. 바로 '위험은 내가 틀리는 것이기 때문에 손실만이 위험이 아니다'라는 것입니다. 위험의 측면에서 생각해 보면 손실 위험과 기회비용은 같은 레벨의 같은 위험입니다. 우리가 주식투자를 하는 이유는 결국 돈을 벌기 위함입니다. 그런데 위험을 관리한답시고 손실 위험만 위험으로 간주하면, 결국 주식투자를 할 이유가 없을 것입니다. 기회비용을 놓치는 것도 굉장히 중대한 위험이라는 얘기입니다.

저는 20여 년 넘게 현역으로 활동하면서 수많은 후배 운용역들을 봐왔습니다. 잘하는 운용역과 그렇지 않은 운용역은 결국 '수익이 잘 나는 시장에서 수익을 냈는가?'라는 문제에서 실력이 갈립니다. 잘하는 운용역은 기회를 놓치지 않고 수익을 잘 냅니다. 그런 친구들은 대부분 손실 관리도 잘해서 결국 좋은 성과를 얻습니다. 이것이 실력 차이라는 것이죠. 그렇다면 좋은 주식을 잘 골라내고, 그 주식을 귀신같이 사고파는 능력이 있는 사람을 실력자라 부를 수 있을까요? 절대 아닙니다. 오르는 주식을 잘 골라서 거기에서 수익을 많이 내는 것이 더 중요합니다. 이해가 조금 어려울 수도 있는데요. 다른 방법으로 설명해 보겠습니다.

주식을 '홀짝의 랜덤워크'라고 말합니다. 주식은 결국 오르냐 내리냐의 싸움인데 이는 무작위로 벌어지기 때문입니다. 이 홀짝의 랜덤워크는 확률상으로는 50% 이상을 유지하기 어려운 것으로 알려져 있습니다. 즉, 성공률이 높아야만 주식투자에 성공할 수 있는 게 아니라는 겁니다.

좀 더 쉽게 말해 주가의 오르내림을 확률상 맞히기 어렵고, 그렇기에 초점을 여기에 맞추면 주식투자로 돈을 벌기 어렵다는 뜻입니다. 이는 '머니게임'에 거의 똑같이 적용되는 이야기입니다. 명절에 친척들끼리 혹은 친구들끼리 고스톱을 친다고 가정해 보겠습니다. 꽤 오랜 시간 고스톱을 친다면 결국 3명의 승률은 33%로 엇비슷할 것입니다. 그런데 결과로 보면 어떤 사람은 돈을 많이 따고, 또 어떤 사람은 돈을 많이 잃었을 테죠. 승률에서는 큰 차이가 나지는 않을 겁니다(약간의 차이가 있을 수 있지만).

이러한 차이가 나는 건 돈을 딴 사람은 딸 때 쓰리고에 독박 씌워가면서 크게 땄을 것이고, 돈을 잃은 사람은 딸 때 홍단 3점, 고도리 5점 스톱으로 소박하게(?) 땄을 것이기 때문입니다. 저는 이것이 주식 시장에도 적용되는 머니게임의 진실이라 생각합니다. 10개 종목에 투자했을 때 반드시 7개, 8개 종목에서 수익이 나야 주식투자로 돈을 벌 수 있는 건 아닙니다. 무엇보다 그 높은 승률이 반드시 '고수익'으로 연결되는 것도 아니고요. 오히려 10개 종목에 투자했는데 7개 종목에서 손실이 나도 3개 종목에서 수익이 크게 난다면 오히려 더 높은 수익이 발생합니다. 제가 봐 온 잘하는 후배와 못하는 후배들도 마찬가지였습니다. 특별히 다른 종목을 매매하지도 않았고, 특별히 다른 매매 기법을 쓰지도 않았는데 어떤 친구는 성과가 좋았고 어떤 친구는 성과가 부진했죠. 똑같은 종목에서도 잘하는 친구들은 쓰리고에 독박을 씌우며 고수익을 냈지만, 못하는 친구들은 단 3점에서 '스톱'을 외쳤기 때문입니다.

그래서 주식투자에서는 손실 위험과 기회비용 위험을 같은 수준으로 취급할 필요가 있습니다. 이는 급등주를 무조건 쫓아가야 한다는 뜻이 아닙니다. 그렇게 하려면 정말 대박 주식을 골라내는 탁월한 '혜안'이 있어야 합니다. 추세적으로 올라가고 있는 주식으로 단기에 수익을 좀 냈다고 해서 함부로 팔아서는 안 된다는 얘기입니다. 기회비용을 날리지 말자는 뜻인 겁니다. 이렇게 할 수 있는 가장 좋은 방법 역시 바로 추세를 추종하는 전략이라 생각합니다. 앞서 저는 추세적으로 오르는 것이 기대되기 때문에 주식을 산다고 말했고, 그 주식이 추세적으로 오르는 것이 종료되었을 때 판다고 말했습니다. 이런 식으로 접근하면 아주 높은 확률로 그 기간에 가장 강한, 가장 핵심적인 주도주를 가지고 있을 수 있습니다. 주도주도 어차피 추세적으로 오르는 주식이기 때문입니다. 그런데 대박주가 아닌 주식은 상승추세에서 조기에 탈락할 것이고, 그때 주식을 팔면 비록 손절매일지라도 제한된 손실일 것입니다.

조금 극단적으로 가정해서, 10개 종목을 이런 식으로 투자했는데 6~7개가 조기 탈락하는 주식이라고 해도 그 손실은 제한될 수 있습니다. 대신 마지막까지 남아 있는 주식을 추세가 종료될 때까지 유지한다면 거기에서 오는 수익은 6~7개의 손실을 메꾸고도 남을 테죠. 계좌 전체적으로는 아주 고수익이 될 것입니다. 주식투자의 대가인 워런 버핏은 "주식투자의 마법은 복리"라는 명언을 남겼습니다. 맞습니다. 주식투자는 복리가 적용될 때 비로소 고수익이 납니다. 개인투자자 입장에서 이 복리를 취할 수 있는 가장 좋은 방법은 추세적으로 오르는 주식을 끝까지, 그 추세가 종료될 때까지 가지고 있는 것입니다.

앞서 언급한 후배들도 마찬가지였습니다. 그래서 성과가 좋은 친구는 똑같은 주식으로 200% 이상의 수익을 낸 반면, 성과가 나쁜 친구는 10~20%의 수익을 내는 것이 전부였습니다. 성과가 좋은 친구는 수익을 많이 낸 덕에 위험 상황이 왔을 때 냉정하게 대처를 잘하지만, 성과가 안 좋은 친구는 기존에 일궈놓은 수익이 적은 탓에 미련을 버리지 못하다가 끝내 위험 관리에 실패하고 맙니다. 그리고 이것이 이 둘의 성과를 가르는 핵심적인 이유가 되었습니다. 종종 만나는 개인투자자들이 제게 이런 얘기를 합니다.

> "이 주식은 그래도 먹고 팔아서 괜찮다. 지금 물려 있는 이 주식들이 문제다."

저는 이런 사고방식이 투자를 성공적으로 이끌지 못하는 큰 이유 중 하나라 생각합니다. 오히려 '200~300% 낼 수 있는 주식을 20%밖에 못 먹었다'가 문제의 핵심이어야 하는 것이죠. 앞서 위험은 우리가 틀리는 것이고, 기회비용을 잃어버리는 것도 손실 위험과 동등한 스케일이라는 걸 거듭 강조했습니다. 저는 많은 개인투자자가 생각을 이렇게만 바꿀 수 있으면, 그 투자가 성공적으로 바뀔 가능성이 크다고 믿습니다. 더불어 이를 가장 쉽게 할 수 있는 방법이 '추세를 따라 투자하는 것'이라 믿습니다. 추세가 종료될 때까지 포지션을 유지하고 추세가 바뀌면 포지션을 정리하는 과정을 거치다 보면, 자연스럽게 대박 주식으로 복리를 누리며 고수익을 낼 수 있습니다. 그렇지 못한 주식은 사전에 큰 손실을 피할 수 있고요. 추세를 추종하는 전략을 가지면 주식투자를 승률의 게임이 아닌 손익비의 게임으로 전환할 수 있습니다. 정리하겠습니다. 여러분들이 이것만 기억했으면 좋겠습니다.

① 투자의 세계에서 위험은 '내가 틀리는 것'이다.
② 그래서 위험은 제거하는 것이 아니라 관리하는 것인데, 그 관리의 목적은 '최악으로만 가지 않도록 하는 것'이다.
③ 손실을 보는 것만이 위험이 아니다. 기회를 잡지 못하는, '기회비용을 놓치는 것' 역시 손실을 보는 것과 같은 수준의 위험이다.

위험을 더 똑똑하게 관리하는 방법: 변동성 지수 활용하기

전문적인 투자자들이 위험의 지표로 자주 사용하는 '변동성 지표'라는 것이 있는데요. 미국 시장에서는 VIX(S&P500의 변동성), VXN(나스닥의 변동성), 한국 시장에서는 VKOSPI(KOSPI200의 변동성) 등을 꼽을 수 있습니다. 이 변동성 지수는 옵션의 변동성을 기초로 하여 책정하는 가격 지수입니다. 옵션의 성질을 이해해야 하고, 옵션의 가격을 이해해야 하는 복잡한 문제이기 때문에 이 변동성 지수를 위험의 징후로 혹은 위험 관리의 도구로 활용하는 부분만 얘기해 보겠습니다. 보통 주식은 상승할 때는 완만하게 상승하고, 하락할 때는 가파르게 하락하는 기본적인 성질이 있습니다. 오를 때는 '못 먹는 위험'이 있지만, 하락할 때는 '직접적인 손실의 위험'이 있기 때문입니다. 그래서 투자자들은 오를 때는 천천히 행동하고, 하락할 때는 빠르게 행동하게 됩니다.

● **주식의 강한 변동성 예시**

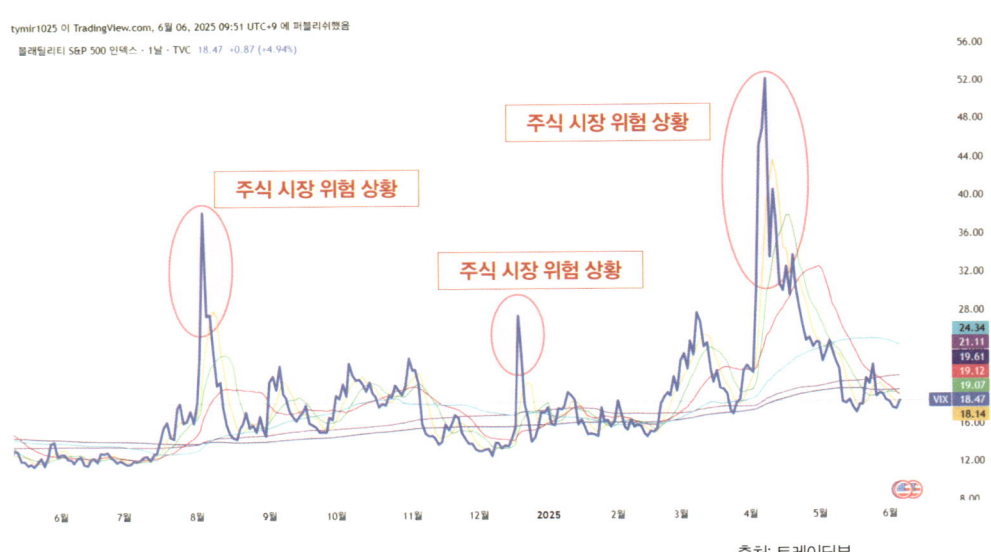

출처: 트레이딩뷰

변동성 지수는 증시가 상승할 때 하락하고, 증시가 하락하기 시작하면 상승합니다. 그리고 하락할 때는 서서히 내려가지만 상승할 때는 매우 가파른 속도로 오르는 특징이 있습니다. 이러한 변동성 지수의 성질을 이용해 증시의 흐름을 판단할 수도 있고, 실제 위험 관리 포지션을 취할 수도 있습니다. 증시는 상승하는데 변동성 지수가 상승하고 있거나 높은 레벨을 유지하고 있다면, 일종의 위험 신호로 볼 수 있습니다. 100%라고 볼 수는 없지만, 위험 징후의 발생으로 인지하고 이후 시장이 하락할 때를 대비할 수 있게 됩니다.

어떤 불확실한 이벤트가 예정되어 있다고 생각해 보겠습니다. 이 이벤트 결과가 어떻게 될지는 아무도 모릅니다. 그럴 때 변동성 지수를 일부 미리 사 놓는 것도 좋은 방법일 수 있습니다. 변동성 지수는 상승할 때 매우 빠른 속도를 가지는 특징이 있는데, 이 수준은 증시가 하락하는 속도의 몇 배가 되는 경우가 많습니다. 그러니 이벤트 전에 전체 포지션에서 일부라도 변동성 지수를 사 놓게 되면, 증시 하락으로 인한 손실을 일정 부분 메꿀 수 있습니다. 이벤트 결과가 별거 아닌 수준이라고 해도 변동성 지수 매수에서 손실은 제한적이고, 증시가 하락하면 변동성 지수는 증시보다 몇 배 강하게 상승하기 때문이죠. 이는 기관투자가들이 이벤트 이전에 종종 사용하는 방법이기도 합니다. 개인투자자 입장에서 이 전략을 활용하기는 쉽지 않겠으나, 앞서 얘기한 것처럼 최소한 시장 위험의 '측정 지표'로는 충분히 활용 가능합니다.

chapter 3

추세추종 투자의 꽃:
주도주의 이해

— 주식투자의 올라운더, 주도주 완벽 이해

주도주의 친구, 경기 이해하기

　주도주를 제대로 설명하기 전에 경기가 무엇인지 먼저 살펴보겠습니다. '경기가 좋다', '경기가 나쁘다'라는 말을 흔히 하는데요. 경기의 개념은 생각보다 매우 간단합니다. 영어로는 economic cycle, 즉 경제 상황의 순환(침체-회복-활황-둔화)을 뜻합니다. 경제의 순환 상태를 경기라고 한다면, 크게 두 갈래로 나뉩니다. 우선 중장기적으로 경제가 발전하는 과정에서(물가가 중장기적으로 상승하는 과정에서) 경기가 순환하는 것을 뜻하는 '인플레이션 경기 순환'이 있습니다. 이해를 돕기 위해 그래프를 살펴보겠습니다.

● 인플레이션 경기 순환

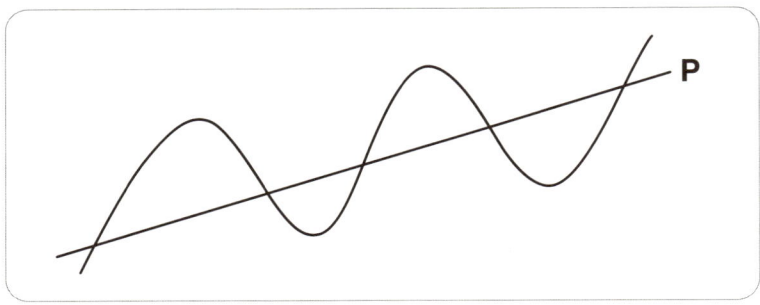

다음은 디플레이션 경기 순환으로, 반대의 개념으로 생각하면 되겠습니다. 중장기적으로 경제가 발전하지 못하는 과정에서(물가가 중장기적으로 상승하지 못하는 과정에서) 경기가 순환하는 것을 말합니다. 그래프 역시 극단적으로 그리자면 이러한 형태가 됩니다.

● 디플레이션 경기 순환

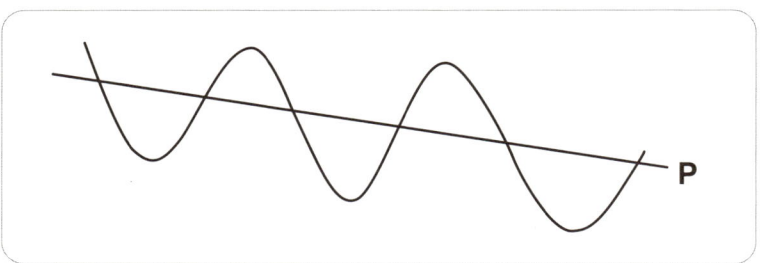

잠시 투자의 관점에서 생각해 보겠습니다. 인플레이션 경기 순환과 디플레이션 경기 순환 중 어떤 형태가 주식투자에 유리할까요? 앞서 본 그림에서 유추할 수 있듯이 투자는, 특히 주식투자는 인플레이션 경기

● 초장기 디플레 구간 동안 일본과 중국의 증시

출처: 트레이딩뷰

순환인 상태에서 훨씬 유리합니다. 디플레이션 경기 순환 상태에서는 대부분의 자산 가격이 중장기적으로 우하향하기에 투자의 기회가 많지도 않고 투자의 성과도 좋지 않을 가능성이 매우 큽니다. 그러니 큰 틀에서 투자를 결정할 때는 경기 상황을 파악하는 것도 중요하지만 경제 시스템이 구조적으로 인플레이션 경기 순환인지, 디플레이션 경기 순환인지 먼저 판단해야 합니다.

예를 들어 1990년대 이후부터 2010년대까지 일본의 경제는 전형적인 디플레이션 경기 순환 상황이었습니다. 주식투자의 성과 역시 초라하기 그지없었습니다. 2015년 이후부터 오늘날까지의 중국 역시 마찬가지입니다. 2015년 이후 중국의 경기 구조가 디플레이션 경기 순환 형태를 보였기 때문에 중국 증시의 투자 성과는 '제자리걸음'이었다고 생각할 수 있습니다. 주도주를 설명하기에 앞서 경기 순환 형태를 짚고 넘어가는 이유가 여기에 있습니다. 경기 순환 형태의 판단이 주도주를 찾는 일보다 훨씬 더 우선적으로 진행되어야 하기 때문입니다.

경기가 좋다는 건 대체 무슨 뜻일까?

'좋은 경기'는 네 경기 사이클로 보면 회복에서 활황의 구간을 말하는 것이고, 대부분 이때가 주식 시장이 가장 좋을 때이기도 합니다. 그런데

● 일반적인 경기 순환 속 호경기 예시

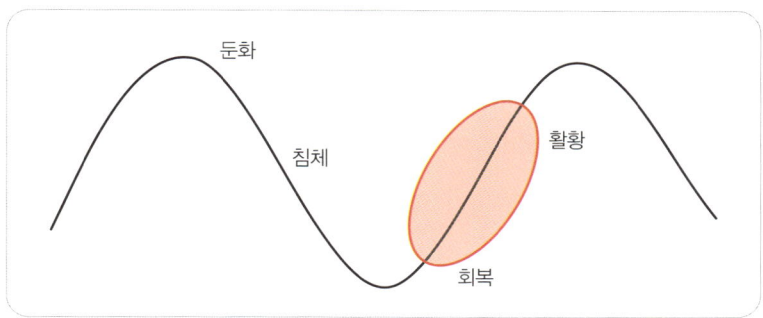

경기가 좋다는 것은 늘 결과적이고, 후행적인 이야기입니다. 그렇다면, 경기가 좋다는 진짜 의미는 무엇일까요? 경기를 표현하는 데 우리가 가장 많이 사용하는 방법은 GDP입니다. GDP를 잘 따져 보면 진짜 경기가 좋다는 것이 어떤 의미를 갖는지, 그래서 어디에 초점을 맞춰야 하는지 알 수 있습니다. GDP를 구하는 공식은 다음과 같습니다.

GDP = 기업투자 + 개인소비 + 정부투자 + 순수출(수출-수입)

보는 바와 같이 GDP는 기업의 투자, 개인의 소비, 정부의 투자, 해외 수요의 합을 말합니다. 즉 기업의 투자가 늘고, 개인의 소비가 늘고, 정부의 투자가 증가하며 해외로부터의 수요가 증가하여 무역에서 내는 이익이 크면 경기가 좋다고 말할 수 있습니다. 그러면 이것을 단 하나의 관점으로 모아 보겠습니다. 기업 투자가 늘어나는 것, 개인소비가 늘어나는 것, 정부투자가 늘어나는 것 모두 결국 '수요'의 증가를 의미합니다. 순수출이 늘어난다는 것도 우리나라 제품에 대한 해외의 수요가 늘어난다는 것으로 단순화시켜 이해할 수 있습니다. 물론 여기서의 수요란 단순한 소비를 넘어 제품이나 서비스에 의한 기업 활동 등의 총체적인 수요를 말합니다. 결국, 경기가 좋다는 것은 단순히 소비라는 개념에서의 수요가 아니라 포괄적인 의미에서 수요가 좋음을 의미한다고 받아들일 수 있습니다.

경기가 좋은 형태에는 무엇이 있을까?

경기가 좋다는 것은 '수요'가 좋다는 것을 의미합니다. '경기의 활황 국면'은 '수요가 좋은 국면'이라고도 볼 수 있는데요. 이는 '혁명 없는 경기 활황'과 '혁명적인 경기 활황'으로 다시 구분됩니다(이해를 돕기 위해 제가 만든 용어입니다). 경기가 좋다는 얘기는 수요가 활발하다는 얘기인데, 이 수요에는 반드시 대상이 있어야 합니다. 대상을 가지고 혁명 없는 경기 활황과 혁명적인 경기 활황을 구분해 보겠습니다.

① 혁명 없는 경기 활황

기존에 있던 것에 대한 수요가 증가하면서 경기가 활황을 보일 때, '혁명 없는 경기 활황'이라 부릅니다. 개발도상국의 경제 발전 과정을 예로 들겠습니다. 개발도상국이 경제 성장을 하게 되면 '선진국에서 이미 가지고 있는 어떤 것들'에 대한 수요가 증가하게 됩니다. 개발도상국의 경제 발전은 대표적으로 산업화, 도시화를 통해 이루어지는데요. 이는 산업화, 공장을 짓고 도시를 건설하는 과정을 뜻합니다. 그리고 그 과정에는 필연적으로 철강, 화학제품 등의 소재가 필요하고 공장을 짓고 건물을 만들기 위한 건설기계 등의 산업재 역시 필요합니다. 선진국 입장에서는 성숙 산업에 있는, 새로울 것 없는 것들에 대한 수요가 증가하는 것이죠. 그래서 주변 개발도상국에서 이러한 산업화를 보이게 되면, 그 옆의 선진국은 새로울 것 없는 것들에 대한 수요 증가가 수출로 나타나게 되고 이것이 경제 활황을 불러오게 됩니다.

이는 개발도상국의 선진화 및 산업화뿐만 아니라 전쟁이나 천재지변, 그리고 그에 따른 복구 과정에서도 흔히 나타나는 현상입니다. 전쟁이나 천재지변을 겪는 나라의 사정은 딱하지만, 주변국의 입장에서는 이러한 불행이 기회일 수도 있다는 것이죠(이는 주식 시장에서도 마찬가지입니다). 과거 한국전쟁 이후 일본의 경제가 발전한 것도, 중국의 성장세에 우리나라가 덩달아 선진국 반열에 들어선 것도 모두 이 같은 이유 때문인 거죠. 지금은 이에 대한 역효과로 우리나라 경제가 힘들어지고 있지만, 중국 덕분에 우리나라의 2000년대가 화려했던 건 부정할 수 없으니까요. 혁명 없는 경기 활황은 '기존에 있던 어떤 것들에 대한 수요가 증가하면서 나타나는 경기 활황'으로 정리할 수 있겠습니다.

② 혁명적인 경기 활황

'혁명 없는 경기 활황'이 기존에 있던 것에 대한 수요가 증가할 때 발생하는 경기 활황이라면, '혁명적인 경기 활황'은 기존에 없던 새로운 것에 대한 수요가 증가하면서 발생하는 경기 활황입니다. 어쩌면 세상은 이 새로운 것들의 발명을 통해 발전해 왔다고 해도 과언이 아닐 것입니다. 쉽게 연상해 볼 수 있을 것 같은데요. 말을 타고 다니던 시절, 자동차는 완전히 새로운 것이었습니다. 그리고 자동차의 출현은 너무나 많은 것을 바꾸어놓았죠. 자동차에 대한 수요가 높아짐에 따라 자동차를 생산하기 위한 기업들의 투자는 더욱 증가했습니다. 자동차 공장에 일자리가 늘었고, 개인들의 소비력이 증가했고요. 자동차가 다니려면 진흙탕이었던 기존의 마찻길도 정비해야 했고, 이 또한 투자와 관련된 일이었습니다. 그 밖에도 헤아릴 수 없을 만큼 다양한 변화가 나타났고, 세상과 경제는 발전했습니다. 컴퓨터가 그랬고, 스마트폰이 그랬으며, 지금은 AI가 바로 이 '새로운 것'이 되어 가고 있습니다. 이렇게 기존에 없던 새로운 것에 대한 수요가 증가할 때 경제는 활황을 보이면서 사회가 발전하게 됩니다.

'연약한 급등'이 아닌 '확실한 주도'

경기가 좋다는 것은 수요의 증가를 의미합니다. 주식 시장의 주도주는 바로 이 수요가 증가하는 산업에 '직접적으로 해당하는 기업'으로 규정합니다. 즉 경기를 이끄는 산업(혹은 영역)의 핵심 기업이 바로 주도주가 되는 것입니다. 일정 기간 주식 시장에서 가장 많이 오른 주식을 주도주라고 흔히들 얘기하는데요. 그렇게 불러도 크게 문제가 될 것은 없으나 단순히 일정 기간에 많이 오른 주식을 통틀어 주도주라 부른다면 딱히 주도주라 부를 필요가 없다고 생각합니다. 세상의 모든 급등주가 이후에 제가 설명할 주도주의 효용을 가지고 있지 못하기 때문입니다. 그런즉, 제 기준에서 일정 기간 가장 많이 오른 주식은 '특징주'로 표현하는 것이 더 바람직합니다. 제가 얘기하는 주도주는 경기의 사이클을 만드는,

즉 수요와 직접적으로 연관된 주식을 말합니다. 그래서 크게는 경기, 작게는 주식 시장 사이클을 지배하는 주식을 의미합니다. 이것이 제가 강조하고 싶은 주도주의 '정의'입니다. 이후에 차근차근 더 설명하도록 하고요. 이번 장에서는 제가 내린 주도주의 정의, 경기와 주식 시장, 주도주의 관점에 집중하며 읽어 내려가면 되겠습니다. 앞서 설명한 '혁명 없는 경기 활황'과 '혁명적인 경기 활황'은 기본적으로 형태의 차이가 있습니다.

혁명 없는 경기 활황 vs 혁명적인 경기 활황

경기 사이클의 크기와 기간을 먼저 생각해 보겠습니다. 먼저, 혁명 없는 경기 활황은 상대적으로 훨씬 짧은 사이클을 가지게 됩니다. 혁명 없는 경기 활황에서 수요를 이끄는 산업은 대부분 이미 구조가 안정화된 '성숙 산업'이기 때문입니다. 그래서 수요가 증가할 때 기업들의 대응, 즉 공급 역시 기민하게 반응할 수 있습니다. 그 때문에 수요가 증가하더라도 수요와 공급이 빠르게 맞춰지면서 강렬한 성장이 지속적으로 나타나기 어렵습니다. 경기 활황 기간이 상대적으로 짧게 형성될 가능성이 크며, 경기 활황 기간이 짧기에 주식 시장의 상승 사이클 역시 상대적으로 짧을 가능성이 큽니다. 반대로 GDP로 표현되는 경제 지표상의 신호는 비교적 뚜렷할 것입니다. 경기를 이끄는 산업이 성숙 산업이기에 경제지표 구성 항목에 매우 잘 들어가 있기 때문입니다. 그래서 혁명 없는 경기 활황은 상대적으로 짧고 작으나, 비교적 알아차리기 쉬운 경기 활황이 될 것입니다. 주식 시장도 상대적으로 짧은 상승 사이클을 가질 테고요.

주도주는 우리가 익히 잘 아는 성숙 산업에서 나올 것입니다. 알아차리기 쉬운 대신 짧고 작은 주식 시장 사이클이 되는 것이죠. 반대로 혁명적인 경기 활황의 경우 경기 활황이 상대적으로 긴 사이클을 가지게 됩니다. 새로운 것에 대한 수요는 처음부터 강렬하게 나타나지 않고 서서히 증가하게 되는데 이 과정 자체가 매우 길기 때문입니다. 새로운 것에 대한 수요가 증가하는 것이기에 이 산업에 참여하는 기업들의 수가 매우 적고, 기업들의 대응도 기민할 수 없습니다. 상당 기간은 공급이 수요를 따라가지 못하는 경우도 많이 발생합니다. 그렇기에 수요와 공급이 쉽게 균형점을 찾지 못하고, 상대적으로 긴 수요 증가 사이클을 나타내게 되는 것입니다. 대신 GDP와 같은 경제지표에는 잘 보이지 않는 특징이 있습니다. 경제학은 전반적으로 게으른 경향이 있고, 새롭게 바뀌는 경향을 빠르게 경제지표에 대입하고 반영하지 못합니다. 물론 충분한 시계열을 확보해야 지표로서의 의미가 있겠지만요. 이런 이유로 혁명적인 경기 사이클은 긴 대신 경제지표를 통해 경기 활황을 확인하는 것은 상당한 시간이 필요하다는 특징이 있습니다.

주식 시장도 상대적으로 긴 사이클을 가지게 되는데, 이는 새로운 것이 수요의 균형점을 맞추는 데는 오랜 시간이 소요되기 때문입니다. 당연히 이 새로운 것과 직접적으로 연관된 기업이 주도주가 됩니다. 이런 주식을 주식 시장에서는 흔히 성장주(growth stock)라 칭하기도 하죠. 엄청 비싼 밸류에이션을 가지기도 하고, 더러는 적자기업이 주도주가 되기도 합니다.

● 활황별 경기 사이클의 차이

	혁명 없는 경기 활황	혁명적인 경기 활황
사이클의 길이	짧음	김
주요 산업	성숙 산업	미성숙 산업
공급 속도	빠름	느림
인식 난이도	쉬움	어려움

주도주의 특징

주도주는 경기를 이끄는 수요와 직접적인 연관이 있는 주식을 뜻하며 크게는 경기, 작게는 주식 시장을 지배하는 주식이라고 얘기했습니다. 충분히 이해했겠지만 이를 좀 더 풀어 설명해 보겠습니다. 한 나라에서 건설업의 붐이 일어 나라의 경기가 좋아지고 증시가 상승한다면 이때 주도주는 건설주 및 관련주가 됩니다. 그래서 건설업 붐이 절정으로 치달을 때 건설주들은 상승을 멈추고 하락할 것입니다. 그에 따라 주식 시장이 하락하게 되고, 경기가 본격적으로 둔화하는 것을 확인하게 됩니다. 이것이 바로 제가 생각하는 주도주입니다. 그래서 주도주는 대략적인 특징을 지닙니다.

주도주의 특징 ①: 대형주

주도주가 대형주라는 것은 어찌 보면 당연합니다. 경기를 이끌게 되는 수요와 직접적으로 연관되어 있기에 작은 주식(산업)은 엄두를 낼 수가 없습니다. 물론, 주도주군에 중소형주가 포함될 수는 있습니다. 어떤 산업이건 산업 구조가 형성되다 보면 중소형 기업의 역할이 생기기 때문이죠. 하지만 이는 어디까지나 주도주군 안에 속하는 중소형주이며, 대체적으로 주도주는 대형주에서 나오는 특징이 있습니다.

주도주의 특징 ②: 높은 수익률

주도주는 높은 수익률을 기록합니다. 이 역시 너무나 당연한 이야기입니다. 산업의 수요 증가가 경기에 영향을 미칠 정도면 해당 산업의 주가 상승 폭은 엄청나게 클 것입니다. 그렇지 않고서는 경기에 이렇다 할 영향을 줄 수 없으니까요. '산업의 큰 성장 폭'과 '주가의 높은 수익률'은 하나의 맥락 안에서 조화를 이룹니다. 다만 경험적으로 볼 때 혁명 없는 경기 확장에서의 주도주와 혁명적인 경기 확장에서의 주도주는 수익률과 상승 기간에서 약간의 차이가 있습니다. 앞서 경기 사이클의 기간과 크기에서 언급한 바 있는데요. 혁명 없는 경기 확장은 새로운 것이 아닌 기존에 있던 것에 대한 수요가 증가하면서 경기가 확장되는 구간입니다. 그러니 이 상황에서 주도주는 '성숙 산업'이라고 하는 '기존에 이미 널리 알려진 산업'에서 나옵니다. 이렇게 성숙된 산업에서 평소와 다르게 수요가 증폭될 경우, 산업의 상승 사이클은 비교적 짧을 수밖에 없습니다. 이미 성숙된 산업이기에 수요 증가에 대한 공급의 준비가 충분하기 때문입니다. 그래서 상대적으로 빠르게 수요와 공급이 맞춰지고, 주가 상승 시간은 짧아지게 됩니다. 아마 주가의 상승률도 그러할 것입니다.

반대로 혁명적인 경기 확장은 새로운 것에 대한 수요 증가가 결국 경기 확장으로 이어지는 구간입니다. 새로운 것에 대한 수요 증가는 초기에는 그리 알려지지 않지만, 계속 확장하면서 결국 경기까지 이끌게 됩니다. 그 때문에 해당 산업은 초기에서 최고 확장기까지 실제로 굉장히 오랜 시간이 걸립니다. 이 '새로운 것'에 대한 수요가 증가할 때 대비할 수 있는 산업 구조가 대부분 없기에, 공급이 부족한 상태가 상당 기간 지속되는 것이죠. 여기에서 발생하는 주도주 역시 초기 상승에 대해서는 거의 대부분 알지 못합니다. 초기부터 생각하면 주가의 상승 기간은 매우 길게 형성되며, 주가 수익률 역시 상대적으로 훨씬 높습니다.

주도주의 특징 ③: 증시 사이클 지배

주도주는 증시 사이클을 지배합니다. 두 번째 특징인 '높은 수익률'은 주도주가 아닌 특징주에서도 나올 수 있는 현상이고, 수익률로만 따지면 특징주가 주도주보다 더 높은 경우도 많이 있습니다. 특징주는 상대적으로 규모가 작은 주식인 경우가 많기 때문입니다(주식의 시가총액이 작을수록 주가의 변동성은 커지기 마련이기에). 이렇게 반드시 최고의 수익률을 내는 주식이 주도주가 아님에도 불구하고 주도주를 위시하는 이유는 주도주가 주식시장 사이클을 지배하기 때문입니다. 실제로도 주도주에 의해 경기가 확장되고, 증시 전체가 상승합니다. 주도주의 탄생과 함께 증시의 상승이 시작된다고 볼 수 있는 것이죠.

그리고 주도주의 상승 사이클이 종료되면 증시 역시 상승 사이클을 마감하는 매우 중요한 특징이 있습니다. 주도주에 의해 증시가 상승한다면, 상승 후반부에 이르러서는 절대 다수의 시장 유동성이 주도주군으로 몰려있게 됩니다. 주도주의 상승 사이클이 둔화한다는 것은 조만간 경기를 이끄는 산업이 둔화함을 시사합니다. 경기를 이끄는 산업이 둔화하면 경기 역시 둔화되기 때문에 주식시장은 주도주의 흐름과 거의 동시에 상승을 마무리할 수밖에 없습니다. 결국, 증시 사이클을 상승에서부터 종료까지 주도주가 지배하게 되는 것입니다. 저는 이 특징이 주도주를 가져가야 하는 가장 큰 이유라고 생각합니다. 앞서 언급했듯 수익률로만 치면 특징주를 중심으로 투자해도 무방합니다. 그러나 특징주는 주도주와 다르게 증시 전체의 사이클을 알려주지는 않습니다.

'주도주가 증시 사이클을 알려준다는 것'에는 어떤 효용이 있을까요? 앞서 설명한 투자의 3단계 중 가장 중요한 '자산 배분'을 용이하게 해주는

● **주도주 흐름에 맞춘 자산 배분**

```
주도주 ↑              주도주 ↓
   =                    =
주식 비중 ↑           주식 비중 ↓
```

것도 주도주의 효용입니다. 어렵게 생각할 필요 없이, 주도주가 존재하면 주도주를 중심으로 주식 비중을 늘리면 됩니다. 반대로 주도주가 없고 특징주만 있으면 주식을 하지 않거나 아주 작은 규모로 특징주에 투자하면 됩니다. 더 쉽게 말해, 주도주를 중심으로 상승하던 증시에서 주도주가 하락하기 시작하면 그때 가지고 있던 주도주를 팔면서 주식 비중을 자연스럽게 줄이면 됩니다. 100% 완벽한 것은 아니지만 주도주의 여부, 주도주 중심의 포트폴리오 운용만으로도 우리는 가장 중요한 자산 배분을 적절하게 할 수 있는 것입니다. 이렇듯 주식시장을 지배하는 주도주이기에 우리는 항상 주도주를 중심으로 시장을 바라보아야 합니다.

〰️ 번외편: 성장주

성장주(growth stock)는 말 그대로 새롭게 성장하는 산업의 주식을 말합니다. 앞서 보았던 새로운 것에 대한 수요가 증가할 때 나타나는 주식이며, 성장하는 산업이기에 가치주(value stock) 대비 높은 밸류에이션으로 거래됩니다. 이 성장주를 무조건 'high tech 주식'으로 여기는 분들이 최근 부쩍 늘었는데요. 기술 산업에서 새로운 것들이 주로 쏟아져 나오기에 이런 오해가 어쩌면 당연할 수도 있지만, 성장주가 반드시 high tech 주식을 말하는 것은 아닙니다. high tech가 아니더라도 새로운 형태의 산업이 출현하면, 이를 모두 '성장주'라 부를 수 있다는 것이죠. 2000년대 초 우리나라의 '신세계'라는 기업은 성장주였습니다. 할인매장이라는 새로운 형태의 유통업이 출범한 것이죠. 이 때문에 당시 국내 high tech 기업의 대표라 할 수 있는 삼성전자보다 3배 이상 비싼 밸류에이션으로 거래되기도 했습니다. 새롭게 등장해 '새로운 수요'를 일으키는 산업에 해당하는 주식이 '성장주'인 것을 기억하길 바랍니다. 기사 하나를 보겠습니다.

신세계 주가 6개월 만에 2.5배 상승

신세계백화점의 주가가 계속 치솟고 있다. 단기간의 급등에 따른 주식투자자들의 경계 심리가 거의 사라진 듯, 장중 사상 최고치를 경신하기도 했다. (……) 작년 9월만 해도 신세계 주가는 8만 원대에 머물렀다. 6개월 새 주가가 2.5배 상승한 셈이다.

〈조선일보〉, 2002. 3. 18

실제 사례 속 주도주 살펴보기

지금까지 주도주의 개념과 특징에 대해서 설명했습니다. 그러나 주도주가 실제로 어떤 것인지 이해가 안 될 수도 있기에 과거의 사례를 좀 가져오려 합니다. '혁명 없는 경기 확장'과 '혁명적인 경기 확장'에서 각각의 구간을 나누어 당시의 주도주를 구체적으로 살펴보겠습니다.

혁명 없는 경기 확장기의 주도주

대표적으로 우리나라 증시를 가지고 설명할 수 있는데요. 우리나라 증시 역사 중 일정 기간에 가장 강한 상승을 보였던 시기는 2005년

~2016년(800에서 2,000까지 상승)일 것입니다. 이 시기가 가장 대표적인 '혁명 없는 경기 확장기'에 의한 증시 사이클 기간이었다고 생각합니다. 특히 이 기간은 산업재에서 내구재, 그리고 소비재로 이어지는 가장 교과서적인 혁명 없는 경기 확장기의 주식시장이었습니다. 2005년~2016년의 증시 상승기는 중국에 의해 형성된 증시 상승기였습니다. 우리나라는 사실 내수가 큰 나라가 아니기에, 해외 수요의 변화가 생겨야만 경기의 변화가 오고 주식시장이 움직입니다. 이 시기 역시 중국의 산업화에 따른 우리나라의 경기 확장기, 증시 상승기였습니다.

지금은 G2라고 불릴 정도로 경제 대국이 되었지만, 중국이 본격적으로 세계 무대에 진입한 시점은 2001년 12월 WTO에 가입했을 무렵입니다. 그렇게 중국은 WTO의 가입을 기점으로 본격 산업화를 시작하게 됩니다. 2002년부터 초반 몇 년이 기초를 다지던 시기라면 2005년부터는 투자가 본격적으로 확장된 시기라 볼 수 있습니다. 한국, 미국, 일본 등 경제 강국의 기업들이 이미 다 가지고 있던 것들에 대한 수요가 중국에서 폭발적으로 일어나기 시작한 것이죠. 그래서 우리나라 경기와 증시는 전형적인 '혁명 없는 경기 확장'과 큰 폭의 증시 상승을 경험할 수 있었습니다. 그리고 이는 다시 세 구간으로 구분됩니다. 첫 번째 구간은 2005년부터 미국의 금융위기가 터지던 2008년까지입니다. 당시 중국의 최우선 과제는 산업화와 도시화였습니다. 특히 열악 지역으로 구분되는 중부지역이 주요 대상이었습니다. 산업화와 도시화란 결국, 도로를 짓고 건물을 지어 도시로 발전시키는 과정을 말하는데요. 이는 기존 도시의 재정비가 될 수도 있고, 새로운 도시의 건설일 수도 있습니다. 당시 중국은 시멘트를 생산하는 공장이나 철강 제품을 만드는 제철소 등 산업화, 도시화를 감당할 만한 산업 제반 시설이 부족했습니다. 화학 공장 역시 마찬가지였습니다. 아예 없는 것은 아니었지만, 그 규모가 작고 기술의 수준이 매우 낮았습니다. 이 때문에 중국은 산업화 및 도시화에 필요한 소재를 해외로부터 수입했습니다. 이 과정에서 우리나라는 최고의 수혜를 누렸고요. 당시 우리나라 경기를 이끈 산업은 조선업과 철강업이었는데, 정말이지 엄청나게 수출했습니다. 각종 원자재를 해외로부터 수입

● 2005년~2007년 코스피의 추세

출처: 트레이딩뷰

하려면 이를 운반할 수 있는 배가 필요했고, 우리나라 조선업은 초호황기에 진입할 수 있었습니다(물론 조선업의 교체 사이클과 절묘하게 맞아떨어진 부분도 있습니다).

그래프에 나타난 것처럼 우리나라 증시는 2005년부터 2007년 10월까지 꾸준히 상승하게 되는데 이때의 주도주가 바로 조선주, 철강주, 각종 원자재 관련주였습니다. 현대중공업의 전신인 'HD한국조선해양'과 'POSCO'가 대표 주도주였는데, 당시 HD한국조선해양은 50,000원에서 500,000원, POSCO는 200,000원에서 700,000원까지 상승하며 증시 상승세를 이끌었습니다. 더불어 이러한 주도주들이 상승을 종료하면서 전반적인 1차 사이클이 마무리됩니다. 이즈음 미국에서 발생한 금융위기 때문에 우리 증시는 엄청난 주가 폭락을 경험하지만, 중국 덕분에 이후의 회복과정이 미국보다 훨씬 더 빠르고 강했습니다. 중국의 '혁명 없는 경기 확장'이 계속 이어졌기 때문입니다.

다음 증시 사이클은 2009년부터 2011년까지입니다. 미국발 금융위기에 전 세계 경기는 심각하게 위축되어 있었지만, 중국의 투자는 멈추지 않았습니다. 당시 글로벌 경제를 살린 것이 중국이라는 얘기가 거의 기정사실화되어 있을 정도였지요. 중국은 지속적인 산업화, 도시화의 투자를 이어갔는데 이는 자연스럽게 중국 인민들의 소득 증가로 이어졌습니다. 산업화, 도시화 속에 늘어난 일자리는 인민들로 하여금 서구화된 집을 가질 수 있게 만들었습니다. 소득이 갑작스럽게 증가하게 되면 사람들은 보금자리, 즉 집을 사게 됩니다. 집을 사고 나서도 경제가 유지된다면 그때부터는 소비를 시작합니다. 그 첫 번째 소비가 바로 자동차 등의 내구재(고가이지만 오래 쓸 수 있는 제품)입니다. 2009년부터 2011년까지는 중국의 내구재가 처음으로 크게 확장하는 시기인데, 마찬가지로 당시 중국 안에는 경쟁력 있는 제품이 없었습니다. 지금이야 경쟁력 있는 상품이 많지만, 당시만 해도 한국과 일본과의 상당한 기술적 격차가 있었습니다. 게다가 중국은 전통적으로 반일감정이 있는 나라이기도 하죠.

이러한 이유로 중국은 본격적으로 우리나라 내구재를 수입하기 시작했습니다(여담이지만 당시 중국 북경의 택시가 현대 '아반떼'였던 걸로 기억합니다). 7~80년대 우리나라도 TV 하면 일본 TV를, 자동차 하면 일본 자동차를 최고급품으로 취급했습니다. 이에 우리나라 증시는 2년 동안 1,000pt에서 2,000pt까지 상승하며 전 세계에서 가장 앞선 상승세를 보였는데, 당시 주도주는 많이들 기억하고 있는 '차화정'(자동차, 화학, 정유의 준말)이었습니다. 중국은 자동차 소비와 함께 휘발유 및 각종 석유제품의 소비가 급증했고, 가전 같은 내구재 생산에 따른 각종 화학제품의 소비가 급증했죠. 당시 현대차의 주가는 2년간 60,000원에서 260,000원까지 상승하며 증시의 주도주가 되었습니다.

이제, 마지막 구간입니다. 중국 인민들의 소득은 유지되는데 내구재

● 2012년~2015년 코스피의 추세

출처: 트레이딩뷰

를 1차적으로 소비하고 나면 그다음 소비는 당연히 '사치성 소비재'가 됩니다. 소득이 늘어나 내구재 소비까지 했는데도 여전히 가계의 여유가 있다면, 사치성 소비재로 소비가 이동하는 것은 당연한 이치라 하겠습니다. 여기서 말하는 사치성 소비재란 '명품', '화장품', '해외여행' 등을 말합니다.

기간으로 보면 2012년부터 2016년 정도까지입니다. 증시 지수를 보면 완전한 박스권, 일명 '박스피'였지만, 엄연히 주도주가 존재했던 매우 좋은 시장이었습니다. 당시 주도주는 중국의 '사치성 소비재'의 수혜를 받던 아모레퍼시픽, 호텔신라 같은 주식이었습니다. 그 시절 아모레퍼시픽은 100,000원에서 400,000원까지, 호텔신라는 50,000원에서 140,000원까지 뜨거운 주가 상승을 기록합니다. 당시의 시장이 박스피, 즉 지수 상승이 없었으니 아모레퍼시픽이나 호텔신라를 주도주가 아닌 특징주로 봐야 하는 게 바람직하다고 생각할 수도 있습니다. 그러나 당시 우리나라는 분명 경기 활황기였습니다. 이런 좋은 경제 상황에도 불구하고 증시가 박스피였던 것은 지난 구간에서 중국 산업화에 엄청난 수혜를 받은 조선, 철강 등의 초기 주도주들이 하락하는 시기였기 때문입니다. 중국의 산업화, 도시화를 위한 투자 사이클이 일단락되는 시기였고, 중국 내에서도 관련 산업들이 성장하며 산업별 경쟁이 심화하는 시기였습니다. 그래서 초기 주도주였던 조선이나 소재 업종의 주가 하락이 불가피했던 것이고요.

이렇게 주가 지수는 시총이 상대적으로 더 큰 종목의 하락과 상대적으로 작은 기업들의 상승이 서로 상쇄되면서 박스피 형태를 띠었지만, 분명한 주도주가 존재했던 시장이었습니다. 주도주를 중심으로 올바르게 투자했다면 높은 투자 수익률이 제고되던 강세장이 분명했다는 것입니다. 이것이 바로 2005년부터 2016년까지의 우리나라 증시 주도주와 증시의 역사이며, '혁명 없는 경기 확장기' 속 증시 상승과 주도주의 사례입니다. 당시에 있었던 모든 주도주는 새로운 것이 아닌 기존에 있던 것이었습니다. 옆 나라에서 대규모 경제 성장을 이루며 그 속에 우리나라 증시가 강력한 상승을 거둔 것이죠. 주도주 역시 산업재, 내구재, 소비재로 이어지는 아주 전형적인 '혁명 없는 경기 확장' 사이클 속의 증시 상승기와 주도주였습니다.

혁명적인 경기 확장기의 주도주

이번에는 우리나라가 아닌 해외에서 그 예를 찾아보겠습니다. 2016년 이후 우리나라 증시는 특별한 주도주를 오랫동안 가지지 못했고, 2016년 이후 증시는 사실상 거의 성장하지 못했다고 봐도 무방합니다. 많은 이들이 알고 있는 것처럼 그동안 미국 증시가 엄청난 상승을 기록했죠. 이 상승의 배경은 '혁명적인 경기 확장'이고, 이 혁명적인 경기 확장은 지금도 여전히 진행 중입니다. 남들은 어떤 이름으로 부를지 모르겠으나 이전에는 없던 '데이터 경제'라는 것이 대략 2015년부터 본격화되었고, 그것이 지금도 발전하는 중이라고 생각합니다. 데이터 경제라는 큰 물결이 있고, 그 과정에서 또 작은 테마들이 가지를 뻗어 나가고 있는 것이죠. 그리고 지금은 그것이 'AI'로 보여집니다.

2016년, 전 세계인의 이목을 집중시켰던 알파고와 이세돌 9단의 대국이 일종의 분기점이었던 것 같습니다. 당시 인간대표 이세돌 9단은 상대인 알파고에 단 한 판만을 이기고 모두 패배했습니다. 이 혁명적인 사건이 특히 제게는 매우 인상적이었습니다. 데이터라는 것이 얼마나 중요한

● **2015년~2025년 나스닥의 추세**

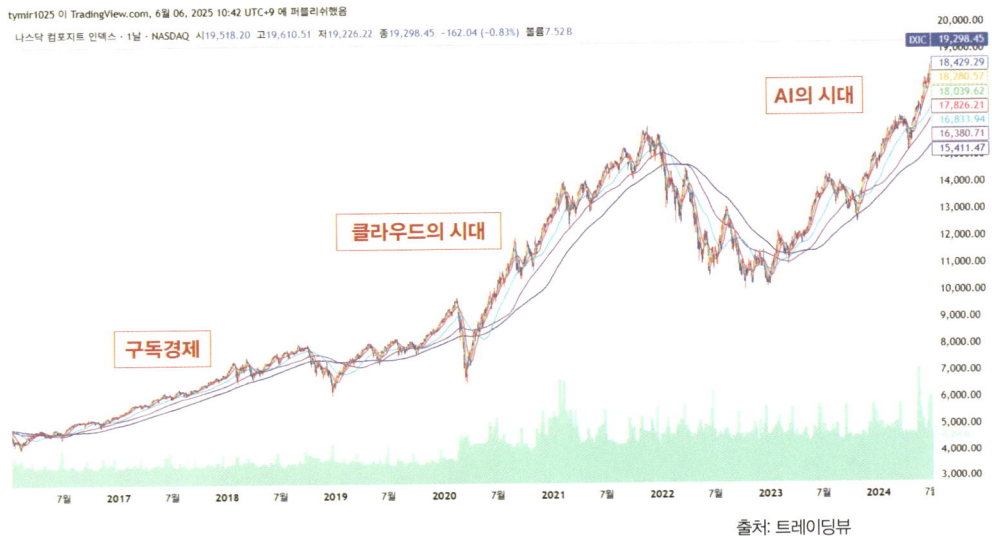

출처: 트레이딩뷰

지, 이를 잘 활용하면 얼마나 대단한 일을 할 수 있는지를 가장 구체적으로 보여준 사례였기 때문입니다. 이전까지는 일부 연구자나 앞서가는 기업들 사이에서만 사용되던 '데이터의 활용'이 우리의 일상에 본격적으로 진입하게 된 시점이었습니다.

그 시작은 이제는 너무나 당연해진 '구독경제'였습니다. 데이터를 활용해 고객에게 알맞은 서비스를 제공함으로써 기업의 이익을 획기적으로 개선하는 비즈니스 시스템이 출범한 것입니다. 그리고 그때의 증시 주도주는 구독경제의 대표주자인 넷플릭스(NFLX)와 아마존(AMZN)이었습니다. 이전에는 없던 새로운 혁명이 탄생했고, 증시는 본격적인 상승을 시작하게 됩니다.

　데이터 경제는 많은 양의 데이터를 필요로 하기에 처리할 데이터의 양이 기하급수적으로 늘어나고, 기업의 입장에서는 이 방대한 데이터를 회사 내부의 서버로 핸들링하기가 어려워집니다. 그래서 구독경제 이후 새로운 성장 테마가 만들어졌고, 그것이 바로 '데이터 센터' 혹은 '클라우드'입니다(아마 2017년쯤부터 시작되었을 겁니다). 더불어 이 '데이터 센터', '클라우드'의 시대는 코로나와 함께 시작된 '언택트 비즈니스'로 인해 꽃피우게 됩니다.

　당시 사이클의 핵심 주도주는 하이퍼 스케일 데이터센터의 최강자인 마이크로소프트와 아마존이었습니다. 이러한 하이퍼 스케일러의 투자를 중심으로 각종 클라우드 비즈니스가 주도주 종목군이 되면서 증시 상승을 이끕니다. 그래서 마이크로소프트와 아마존이 주도주이긴 하지만 수많은 S/W 기업들의 주가 역시 엄청난 상승을 보였습니다. 이 모두를 다 주도주군으로 볼 수도 있었고요. 물론 이렇게 강력한 상승을 보이던 미국 증시도 2022년 전 세계적인 금리 인상 기조 때문에 큰 조정세를 나타냈습니다. 당시의 하락은 '대세 하락'이라고 할 만큼 긴 장기간의 하락이었습니다. 하락세는 거의 1년 동안 이어졌고, 이전까지 증시 상승을 이끌었던 데이터센터, 클라우드의 주도주가 모두 상승을 종료하고 하락으로 전환한 시기였습니다.

　이를 또 드라마틱하게 전환시킨 존재가 여러분들이 너무나 잘 알고 있는 'AI'입니다. OpenAI사의 ChatGPT 최초 공개 시점이 바로 이 긴 조정이 끝나가는 시점인 2022년 11월 30일이었습니다. 물론, AI가 주도주로 부각되며 본격적인 증시 상승을 이끌기 시작한 것은 그로부터 대략 5개월 후인 2023년 5월 말 엔비디아의 실적 발표일부터입니다. 당시 엔비디아는 영업이익률이 60%를 넘어서는 충격적인 실적을 발표했습니다. 그리고 이때부터 AI라는 테마가 시장의 실질적인 주도주가 되었죠. 최근에는 주도주군이 더 많은 AI 관련 종목으로 확산되어 가고 있습니다. 이렇게 2015년 이후 미국 증시는 기존에 없던 데이터 경제의 출현과 이에 따른 기업들의 폭발적인 투자(수요)를 바탕으로 증시 상세를 이어가고 있는 상황입니다. 경기 역시 마찬가지입니다. 데이터 경제의 발전과 함께 미국은 전 세계에서 가장 압도적으로 안정적이고 지속적인 경제 확장을 이루고 있습니다.

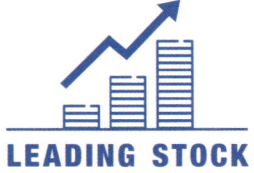

chapter 4

추세추종 투자의 꽃:
주도주 실전투자 전략

– 주식투자의 올라운더, 주도주로 항해하기

주도주 주가의 특징

앞서 주도주의 탄생 배경과 정의, 사례를 살펴보았습니다. 그러나 우리는 투자론을 공부하는 학생이 아니라 실제 투자자들입니다. 그렇기에 주도주의 개념에 대해서 이해가 되었다면 이제부터는 주도주 주가의 특징에 대해 살펴보아야 합니다. 그래야 실제로 주도주에 투자할 수 있고, 더 나아가서 돈을 벌 수 있기 때문입니다. 주도주의 사례에서 보았듯이 주도주는 엄청나게 높은 주가 상승률을 기록합니다. 이 주도주를 처음부터 끝까지 들고 있지 않더라도, 그러니까 충분히 오른 이후일지라도, 주도주라는 것을 알고 사이클이 끝났다는 것만 알아도 좋은 투자 성과를 거둘 수 있다는 얘기입니다. 지금부터 본격적으로 주도주 주가의 특징에 대해서 살펴보겠습니다.

처음부터 주도주임을 드러내지 않는다

과거 사례를 통해 해당 주식들이 어떤 이유로 주도주가 되었는지 그럴듯하게 설명했지만, 이는 어디까지나 사후적인 해석입니다. 시간이 흐른 뒤에 '아, 경기는 이랬었고 그래서 이 주식이 주도주가 되었구나' 알아차릴 수 있다는 것입니다. 현실 세계에서는 지금의 경제 상황이 어떻고 어디에 수요가 많이 몰릴 것이고 그래서 어떤 업종이 주도주가 될 것이라는 등의 예측이 거의 불가능에 가깝습니다. 이는 어쩌면 예언가의 영역일 것입니다. 저에게 그런 능력이 있다면 아마 지금 이 자리에서 밤을 새우며 글을 쓰고 있지도 않을 테고요. 주도주는 처음부터 자기가 주도주라고 알려주지 않습니다. 그런데 아이러니하게도 주식은 매우 귀신 같아서 앞으로의 미래를 주가로 이야기해줍니다. 특별한 이유가 없는데도, 딱히 설득될 만한 주가 상승 이유가 보이지 않음에도 주가는 이미 상당 기간 상승하고 있습니다. 때로는 너무 많이 올랐다는 느낌이 들 만큼 특별한 설명 없이 대부분의 주가는 상승합니다.

혁명적인 경기 확장기의 주도주는 더더욱 그랬던 것 같습니다. 초기에는 잘 알기도 힘든 회사의 주가가 끝을 모르고 계속 오른다면 결국 그런 주식들이 주도주가 되었던 것 같고요. 그러니 주도주 주가의 가장 큰 특징은 '상승 초기에 이렇다 할 설명이 안 되는데도 주가가 잘 오른다는 것'으로 간주할 수 있습니다. '혁명적인 경기 확장기의 주도주는 그렇다

처도, 혁명 없는 주도주의 경우 다르지 않을까요?', '미리 연구하고 공부하면 알 수 있지 않을까요?'라고 질문을 할 수도 있겠습니다. 물론, 혁명적인 경기 확장기의 주도주보다는 좀 더 쉽게 접근이 가능할 듯합니다. 그러나 제 경험에 빗대 보면 이 역시도 마찬가지였습니다. 혁명 없는 확장기의 주도주는 주로 성숙 산업에서 나오는데 성숙 산업의 주가는 대체적으로 밸류에이션이 정해져 있습니다. 이미 산업적으로 충분히 성숙한 산업이기에 높은 성장성을 부여할 수 없기 때문입니다. 또한 혁명 없는 경기 확장기의 주도주는 밸류에이션 레벨을 상승 초기에 이미 넘기기에 주가가 엄청 비싸게 느껴지고, 그래서 오히려 접근이 힘들었습니다.

이렇듯 **'주도주는 상승 초기에 그 이유를 잘 모르고 주가 상승은 이미 부담스러울 만큼 높고, 그 때문에 주식을 사기가 더더욱 무섭고 어렵다'**는 것을 알고 있어야 합니다.

어떻게 하면 주도주를 살 수 있을까?

어쩌면 이것이 가장 핵심적인 내용이 아닐까 싶습니다. 주도주가 무엇인지 이해하려는 이유도, 주도주의 특징이 무엇인지 알고자 하는 이유도 결국 우리가 '주도주를 포트폴리오의 중심에 놓고 싶기 때문'입니다. 대부분의 주식 투자자들은 명확한 기업 분석을 바탕으로, 주가가 오르기 전에 사야 수익이 날 거라 생각합니다. 그러나 제 경험상 이는 오히려 주도주를 가지기 가장 어려운 접근 방법이었습니다. 혁명 없는 경기 확장기의 주도주는 주가 상승의 이유가 분명하더라도 주가 상승 폭이 매우 부담스럽습니다. 또한 혁명적인 경기 확장기의 주도주는 주식의 주가 상승 이유 자체가 불명확하고, 설사 이유를 안다고 해도 지나치게 비싼 밸류에이션을 가지고 있죠. 주도주의 이러한 특징 때문에 주식의 가치를 명확히 이해하고 주가가 오르기 전에 산다는 것은 사실상 불가능에 가깝습니다.

현역 시절, 저는 주도주를 단 한 번도 포트폴리오의 중심에서 벗어나게 한 적이 없습니다. 언제나 주도주가 중심이었기에 상승장에서는 고수익을 내고, 나쁜 시장에서는 손실을 최소화할 수 있었습니다. 또한 저는 단 한 번도 상승 전의 주도주를 산 적이 없습니다. 심지어 주도주의 상승 이유를 명확히 이해하거나 예측해서 주도주를 가지고 있었던 적도 없습니다. 초기에는 대부분 주도주인지도 모르고 산다는 것이죠. 시간이 지난 후에야 이 주식이 주도주가 되고 있음을 알게 된다는 얘기입니다. 그렇다면, 이 난해한 주도주를 어떻게 해야 '늘' 담아둘 수 있을까요? 제가 생각하는 '가장 쉬운 방법'은 역시나 '추세에 집중하는 것'입니다. 주가를 신뢰할 만한 대형주 종목 가운데 이유는 명확하지 않지만 하나의 군을 이루며 평소의 흐름 이상으로 강세를 보인다면, 그래서 가장 강한 상승 추세를 보인다면 저는 그 주식을 포트폴리오에 편입합니다.

● 개별주 투자와 주도주군 투자의 차이

　그렇게 여러 주식들을 사고 난 후에 또 어떤 주식은 금방 추세가 무너집니다. 반면 어떤 주식은 계속해서 강한 상승 추세를 유지하죠. 더불어 시간이 지나면서 시장은 강한 추세를 꾸준히 유지하는 종목들의 상승 이유를 알려주기 시작합니다. 애널리스트의 리포트가 될 수도 있고 신문기사가 될 수도 있습니다. 물론, 초기에는 여전히 소수의 의견만 있을 뿐입니다. 그래서 이 주식을 가지고 있는 사람은 이런 소수의 의견을 귀담아듣지만(자신이 가지고 있는 주식이기에) 이 주식을 가지고 있지 못한 대부분은 여전히 주도주인지도 모르는 상황이 이어집니다. 그리고 나서

● 엔비디아를 구매한 시점과 이후 향방

출처: 트레이딩뷰

도 주도주는 계속해서 아주 강한 추세를 보여줍니다. 결국, 아주 오랜 시간이 지나고 주가가 아주 많이, 상상하기 힘들 정도로 올랐을 때 비로소 수많은 주식 투자자들에게 회자됩니다. 드디어, 세상이 인정하는 주도주가 되는 것입니다.

미국의 엔비디아라는 회사를 잘 알고 있을 겁니다. AI 반도체의 핵심 주자로서 이제는 초등학생들도 알 만한 회사가 되었습니다. 제가 엔비디아를 처음 포트폴리오에 편입했을 당시의 가격은 믿기지 않겠지만 액면분할 이전 17~20달러 정도였습니다. 반도체 섹터를 주요 섹터로 보유하고 있었는데 한 개 종목을 좀 더 늘려보자는 차원에서 엔비디아를 편입했던 것이 첫 매수의 이유였습니다. 저는 '추세 추종'을 원칙으로 두기에 평소 종목을 고를 때도 한 섹터에서 가장 강한 주식을 우선적으로 편입했는데, 그때 선택했던 주식이 바로 엔비디아였죠. 당시 엔비디아의 주가는 이미 지난 6개월간 100% 이상 상승한 상태였습니다. 우습게도 그 시절 제가 이해한 엔비디아는 '용산에서 컴퓨터 조립할 때 샀던 그래픽카드'를 만드는 그저 그런 회사였습니다.

엔비디아를 20달러 이하에서 사기 시작한 후, 추세의 입장에서는 팔 기회가 없이 70달러까지 치솟았습니다. 치솟은 것은 주가뿐만이 아니었습니다. 50달러가 넘어가면서부터는 GPU가 CPU 대비 가지는 속도의 장점이 데이터 경제 시대에 얼마나 필요한지 알려주는 보고서들이 하나둘 눈에 들어오기 시작했습니다. 끝끝내 엔비디아는 테슬라의 자율주행 자동차 투자의 엄청난 수혜를 입고, 비트코인 채굴에서 가장 필요한 반도체로 거듭나게 됩니다. 그렇게 AI 반도체 시장에서 명성을 떨치며 2024년에는 주가가 액면분할 전 1,400달러까지 쉼 없이 상승했습니다. 저는 그 기간 동안 비중의 조절은 있었지만, 단 한 번도 포트폴리오에서 엔비디아를 배제한 적이 없었습니다. 물론, 엔비디아만 그랬던 것이 아닙니다. 과거 국내 주식에 투자할 때 현대중공업도 그랬고, 아모레퍼시픽도 그랬죠. 모든 주도주를 거의 똑같이 다루었다는 얘기입니다.

처음에는 이유도 잘 모르고 주가 상승도 부담스러웠지만, 추세를 추종한다면 당연히 매수해야 하는 종목이었기에 저는 고민하지 않고 매수했습니다. 이후 시간이 지나면서 '이 주식이 주도주가 될 것임'을 시장은 조금씩 알려주기 시작했고, 결국에는 모두가 중요하게 여기는 주도주가 되었습니다. 그런즉 '내가 완벽히 이해해야만 주식을 살 수 있다', '주식은 싸게 사서 비싸게 파는 것이다' 같은 생각에서 벗어나야 주도주를 살 수 있습니다. 특히 '대형주 종목들이 하나의 군을 이루며 상승할 때 포트폴리오에 편입한다'는 생각만 가지면 저도, 여러분도 주도주를 가질 수 있습니다. 더불어 주식투자의 성공은 '확률 게임'이 아니라 '손익비 게임'이라는 것만 이해해도 주도주를 오랫동안 보유하고 지켜낼 수 있습니다.

잘 알지도 못하고 단기에 너무 많이 오른 것 같아 부담스럽다면 처음에는 작은 비중으로 편입한 후 이후에 '이해될 때마다' 조금씩 늘려가도 됩니다. 주도주이기 때문에 어쩌면 자연스럽게 그 비중이 올라갈 것입니다. 주가가 상승할 테니 말입니다. 이것이 제가 아는 '주도주를 살 수 있는 가장 좋은 방법'입니다.

주도주 투자 전략

　주도주는 시장이 좋을 때만 존재하는 주식입니다. 경기가 좋고, 그래서 증시 전체가 좋을 때만 존재한다는 얘기입니다. 가령 우리가 주도주를 가지고 있다면, 이때는 기본적으로 증시가 좋은 상황인 것이죠. 주도주의 일시적 조정 여부에 따라 전체 증시는 조정을 보이기도 하고 강한 랠리를 보이기도 합니다. 그래서 주도주가 시장에 존재한다면 철저하게 주도주를 중심으로 시장에 접근하는 것이 좋습니다. 주도주는 처음에는 극히 일부 종목군을 중심으로 이루어집니다. 더불어 이 주도주의 산업이 경기 전체에 주는 영향이 커질수록 주도주군으로 포함할 수 있는 종목들이 계속 증가하게 됩니다. 산업 자체가 확장되기 때문에 이는 또한 당연한 현상입니다. 그래서 우리는 '주도주'가 아닌 '주도주군'이라고 표현하고, 이에 대한 종합적인 투자 전략이 필요한 것입니다.

초기에는 시장이 좋은지, 무엇이 주도주인지 알지 못하기에 주도주의 비중은 낮을 수밖에 없습니다. 앞서 얘기한 대로 시간이 지나면서 서서히 밝혀진다는 특성을 파악하고 강하게 상승할 때마다, 혹은 상승의 이유가 분명해질 때마다 차분히 주도주의 비중을 늘리면 됩니다. 그렇게 되면 자연스럽게 주식 비중 전체가 증가하게 될 것입니다. 주도주가 있는 좋은 시장에서 저는 포트폴리오 전체에 주도주가 최소 50~70% 정도의 비중은 차지해야 한다고 생각합니다. 어려워 보이지만, 주도주군의 몸집이 커지고 주도주 종목이 늘어나면 충분히 가능한 일입니다. 모든 상황을 다 가정해서 얘기할 수는 없지만, 기본 가정을 이렇게 가져가면 큰 무리가 없을 것입니다.

주도주는 시장 사이클을 지배합니다. 그래서 주도주의 추세에 문제가 생기면 이를 심각하게 받아들여야 합니다. 반대로 시장이 전체적으로 불안하고 지지부진해 보일 때, 주도주군의 추세가 견조하다면 흔들리지 말고 주식 비중을 유지하는 것이 좋습니다. '고점에 팔겠다'라는 관점이 아니라 '추세의 변곡점이 생기면 팔겠다'라는 관점을 가지면 늘 주도주를 가지고 있을 수 있고, 주도주의 비중 조절을 통해 자연스럽게 가장 중요한 자산 배분까지 가능해지는 것입니다. 그러니 주도주가 존재하는 시장이라면 주도주보다 더 높은 수익을 주는 단기 특징주에 현혹되지 말고 철저하게 주도주에 집중하는 것이 바람직합니다. 물론 주식투자의 기대수익이 높은 분들이라면, 그리고 이미 주도주를 통해 높은 수익을 낸 분들이라면 강한 상승을 보이는 특징주들에 눈이 갈 수 있습니다. 그러나 눈이 가더라도 포트폴리오에 아주 제한된 수준으로만 관심을 두길 권합니다. 특징주의 비중을 지나치게 높이다가 정작 주도주의 비중이 감소되어 버리면 나중에 전체 시장의 흐름을 읽을 수 없기 때문입니다.

정리하자면, 최소 50% 이상의 높은 비중을 유지한 채 주도주의 추세에 집중하여 포지션을 조정하면 '수익'과 '위험 관리'라는 두 마리의 토끼를 동시에 잡을 수 있습니다. 이는 주식투자에 있어 엄청난 장점이기도 하니, 명심하길 바랍니다.

주도주는 언제 팔아야 하는가?

주식은 '사는 게임'보다는 '파는 게임'에 가깝습니다. 주식투자를 하다 보면 사는 건 쉬워도 파는 건 어렵다는 걸 많은 분들이 느낄 텐데요. 결국, 이 '파는 것'을 잘해야 성과가 좋아진다고 말할 수 있겠습니다. 주도주는 '경기를 이끄는 산업'에서 나옵니다. 그러니 주도주가 오르는 동안은 정말 장밋빛 미래가 펼쳐질 것처럼 보입니다. 특히 새로운 것, 기존에 없던 것을 제시하는 성장주는 더욱이 그러합니다. 세상을 바꿀 것 같고, 영원히 가지고 있어야 할 주식처럼 느껴지게 되죠. 그래서 어떤 분들은 특정 주식의 광적인 투자자가 되기도 합니다. 하지만 이런 경우 좋지 않은 결과로 이어질 개연성이 매우 높습니다. 그래서 저는 주도주를 중심으로 투자하라고 권하면서도 동시에 '이 주도주 역시 언젠가는 반드시 팔아야 한다'고 얘기합니다. 주도주에서 빠져나오지 못해서 주식투자에 실패한 사례가 생각보다 많기 때문입니다. 주도주가 상승하는 동안 주가에는 당연히 버블이 발생합니다. 이 버블이 빠지는 과정에서의 주가 하락은 그 어떤 주식보다 큰 하락세를 보입니다. 그럼에도 주도주는 시점 기준 최고의 주식이기에 언제든 다시 올라갈 것이라는 근거들이 즐비하죠. 그 근거들에 발목이 잡혀 팔아야 할 시기를 놓치고 마는 겁니다.

과거 주도주였던 현대중공업은 2011년 말 500,000원에서 하락하기 시작해 2020년 3월경 65,000원까지 하락합니다. 2025년 현재도 당시 최고가와는 상당한 차이가 있습니다. 중국 사치 소비재 랠리 당시 주도주였던 아모레G도 2015년 210,000원에서 하락하기 시작해 20,000원까지 내려왔습니다. 마찬가지로 지금도 여전히 과거의 고가와는 말도 안 되는 격차가 있고요. 10년이 넘는 기간 동안 손해만 봤다는 뜻입니다. 미국이라고 다를 게 없습니다. IT 버블 시절 주도주였던 시스코는 80달러에서 2003년경 8달러 이하까지 주가가 하락했습니다. 이 역시 지금도 여전히 2000년 3월의 고가에는 도달하지 못한 상태입니다. 20년이 넘게 흘렀는데도 말이죠. 주도주의 주가가 급격하게 하락하는 이유는 매우 다양한데요. 대략적으로 몇 가지 이유만 살펴보겠습니다.

첫째는 시장 지배력의 감소입니다. 여기서 말하는 시장은 주식 시장이 아니라 주도주 기업이 몸담은 산업 내 시장을 뜻합니다. 주도주군의 산업은 경기와 함께 성장하기 때문에 반드시 폭발적인 산업 성장을 합니다. 그 폭발적인 성장 산업에서 가장 '시장 지배적인 기업'이 바로 주도주인 것이죠. 그러나 세상은 폭발적으로 성장하는 어떤 산업을 가만히 두지 않습니다. 성장하는 산업에 참여하는 기업의 수 역시 폭발적으로 증가하기 때문입니다. 이는 산업 내 후발주자가 크게 늘어난다는 뜻인데, 한창 성장 중인 초기에는 지배적 기업에게 별다른 문제가 발생하지 않습니다. 그러나 성장이 둔화되는 순간부터는 얘기가 달라집니다. 산업 내 증가한 경쟁 때문에 아무리 지배적인 기업이라 할지라도 이전과 같은 이익률을 갖기 어려워집니다. 이는 그동안 시장에 군림하던 주도주를 크게 훼손합니다. 또한 훼손이 확인될 때마다 주도주의 하락은 더 강해지게 되죠. 상승하는 과정에서 지배적 기업으로서 받고 있던 프리미엄이 깨지는 탓입니다.

둘째는 규제의 증가입니다. 폭발적으로 성장하는 산업은 성장이 강하면 강할수록 경제 시스템 전체에 주는 영향력 또한 증가합니다. 그리고 이 산업의 지배적 사업자는 경제 시스템에 큰 영향을 주는 산업의 독과점적인 기업이 됩니다. 현대 사회에서 독과점 기업은 당연히 규제의 대상입니다. 독과점 기업이 계속 그 지위를 누리게 되면 사회적 부가 되레 감소하는 것이 일반적이기 때문입니다. 그래서 성장하는 산업의 지배적 기업은 이전에 없었던 강력한 규제의 대상이 되면서 그동안 누려왔던 '성장의 프리미엄'을 상실하게 됩니다. 2000년대 초 IT 버블 시장의 종료가 당시 주도주 중 하나였던 마이크로소프트의 강제적 분사 때문이었을 정도니 어느 정도인지 짐작할 수 있을 겁니다. 이 외에도 주도주가 주도주의 지위를 상실하면서 강한 하락을 하게 되는 이유는 수도 없이 많지만, 하락의 수준은 결국 기업에게 달려 있다고 볼 수 있겠습니다.

강한 성장을 통해 벌어들인 막대한 이익을 또 다른 성장 산업으로 잘 전환해 기업을 변모시켰다면 주가 하락은 제한적일 수 있습니다. 혹은 빠르게 재상승하는 경우도 있고요. 그러나 그렇지 못한 기업은 앞선 예처럼 치명적인 주가 하락으로 이어집니다. 중요한 것은 다른 성장 산업으로 잘 전환했다고 해도 일정 수준 이상의 주가 되돌림은 피할 수 없다는 점입니다. 여기서 말하는 '주가 되돌림'은 일반 투자자들이 흔히 경험하는 수준의 조정보다 훨씬 크고, 훨씬 길게 지속된다는 것을 명심하길 바랍니다. 이는 어쩌면 누구나 아는 사실인 텐데, 그럼에도 불구하고 우리가 주도주를 팔지 못하는 이유는 무엇일까요? 여기에도 여러 이유가 있겠지만 가장 큰 이유는 '주가의 선행성'일 것입니다. 주가는 선행성이라는 고유의 성격을 지니고 있습니다. 월가의 구루(GURU)로 존경받고 있는 MIT의 폴 크루그먼 교수는 주가의 선행성을 이렇게 설명합니다.

> "주가는 현재 가치와 미래 가치의 합이다. 여기서 미래 가치는 미래 어느 시점의 현재 가치와 미래 가치의 합이다. 그렇게 미래 가치는 계속해서 현재 주가에 작동한다. 따라서 현시점 우리는 명확한 적정 주가를 알 수 없다."

저 또한 이 말에 매우 공감합니다. 주식을 팔기 어려운 이유는 주가가 가진 이 '선행성' 때문이 아닐까 생각합니다. 주가가 상승을 멈추고 하락하는 초기 시점에는 해당 기업의 펀더멘탈이 특별히 악화하지 않으며, 오히려 지속적인 성장을 보이는 경우가 대부분입니다. 그러면 우리의 투자에 도움을 주는 애널리스트는 부정적인 의견을 제시할 수가 없습니다. 심지어 주가가 하락하고 있기에 밸류에이션은 더 매력적으로 바뀌고 있죠. 즉 이미 주가는 의미 있는 변화를 보여주고 있는데 오히려 팔지 말아야 할 논리, 더 사야하는 논리가 강해지는 것입니다. 저는 이것이 주도주를 팔지 못하는 가장 큰 이유 중 하나라고 생각합니다. 물론, 애널리스트의 의견을 완전히 무시해도 좋다는 뜻은 아닙니다. 다만 주식투자를, 특히 주도주에 투자하는 데 있어 기존의 상승 논리가 이전처럼 작동하지 않는다면, 그때는 이전의 상승 논리를 버리고 스스로 판단해야 한다는 것이죠. 그렇지 않으면 주식투자의 가장 대표적 실패 사례 중 하나인(개인적으로는 가장 안타깝게 생각하는) '좋은 기업을 가지고도 실패하는' 경험을 피할 수 없게 됩니다.

주도주에 목매지 마라

마치 세상을 바꿀 것처럼 느껴지던 주도주도 '반드시 팔아야 하는 주식'이라는 것을 우리는 꼭 명심해야 합니다. 이 주도주의 위험에서 벗어나는 가장 쉬운 방법은 추세에 최대한 집중하는 것입니다. 단기적인 추세뿐 아니라 장기적인 추세에도 집중해야 하는 것이죠. 주식 매매에는 '살 때는 천천히, 팔 때는 단호하게'라는 중요한 철칙이 있습니다. 이 철칙을 추세에 적용하면 됩니다. 먼저, 단기 추세(10일 이내)는 불안한 변화이기에 대응하지 않고 유지할 수 있습니다. 그러나 중단기(2~3개월) 추세에 변화가 발생한다면 절반을 정리합니다. 그리고 장기 추세(실제 주도주의 가장 핵심적인 추세)가 무너지면 모두 다 정리하는 것입니다. 이렇게 기간별 추세의 무너짐에 따라 정리하는 방식을 취하면 크게 실패하지 않고 주도주에서 빠져나올 수 있습니다.

이 추세적인 대응을 보조하는 방법도 있습니다. 주도주는 초기에는 왜 주도주인지 모르고, 주가가 왜 이리 강한지도 모릅니다. 하지만 시간이 흐르고 나면 이 주도주의 산업이 어떤 성장 스토리를 가지고 있는지 모두 알게 되죠. 어느 순간부터는 주도주에 대한 좋은 이야기만 쏟아집니다. 성장 스토리는 주가가 왜 올라가야 하는지 알려주지만, 종료되는 시점이나 이유 등은 알려주지 않습니다. 그 시점부터 우리는 성장의 이유를 통해 어떤 일이 벌어지면 주도주의 상승이 끝날지를 고민해야 합니다. 영원한 것은 세상 어디에도 없습니다. 주도주와 주도주 산업에 대해 많이 알면 알수록 왜 올라가는지, 왜 좋은지만 이해하지 말고 무슨 일이 벌어지면 이 모든 것이 끝날 것인가에 대해 미리 고민해야 한다는 겁니다. 이는 사실 애널리스트들이 강조하는 기업의 실적을 통해서는 알기 어렵습니다. 실적이라는 것은 굉장히 후행적인 결과물이고, 주도주를 팔지 못하는 가장 큰 이유가 '좋은 실적'이 되기도 하죠.

주가는 고점을 찍고 내려오는데 실적은 계속 좋은 경우가 많고, 우리가 주식투자에 자주 사용하는 밸류에이션은 점점 싸집니다. 이는 전형적인 주도주의 함정이라고 볼 수 있습니다. 그러니 우리는 무슨 일이 벌어지면 이 주도주의 상승 스토리가 종료될지 고민하고 또 고민해야 합니다. 애널리스트의 분석보다 상식적인 접근이 더 효과적인 경우도 많습니다. 예컨대 조선업의 랠리가 종료될 무렵, '배는 한 번 만들면 30년은 쓰는데' 라는 아주 상식적인 생각만 할 수 있으면 됩니다. 호텔신라의 랠리가 종료될 때 '우리나라는 중국인들이 한두 번만 관광을 오면 되는 나라야'라는 생각만 할 수 있으면 된다는 거죠. 때로는 상식적인 접근이 좋은 결과를 불러오기도 합니다.

이를테면, 방향성을 제시해보겠습니다. 우리는 주도주에 대하여 초기에는 왜 오르는지 모르고 살 수 있지만, 많이 오르고 나서부터는 이 산업이 왜 이렇게나 성장하고 있는지 끊임없이 고민해야 합니다. 성장의 이유를 알아야 어떤 일이 벌어지면 이 성장이 멈추는지 또한 알 수 있기 때문입니다. '누구나 주도주를 알고 주도주를 이야기할 때 주도주를 팔아야 하는 것'은 결코 아니지만, 왜 주도주가 오르고, 무슨 일이 벌어지면 주도주의 성장이 끝나는지를 고민해야 한다는 얘기입니다. 이 고민을 놓지 않은 상태에서 추세에 집중하면 충분히 높은 수익을 올릴 수 있습니다. 이것이 제가 알고 있는 주도주 투자의 처음과 끝입니다.

글로벌 투자 전략
(feat. 추세추종 투자)

제가 글로벌 투자, 특히 미국주식에 투자하기 시작한 시점은 2009년 경입니다. 지금도 그렇지만 미국 증시의 동향은 우리 시장에 영향을 많이 주었고, 아침이면 늘 새벽의 미국 증시를 꼼꼼히 살폈습니다. 미국주식을 통해 국내주식의 투자 아이디어를 많이 찾기도 했습니다.

"미국에서 A라는 주식이 강세이기 때문에 우리 시장에는 이런 주식들을 주목할 필요가 있다."

"미국 증시에 상장된 A라는 기업의 실적이 매우 좋기 때문에 A 기업에 납품하는 국내 L 회사에 주목해야 한다."

당시에도 이런 식의 투자 보고서가 많았습니다. 미국 증시를 꼼꼼히 보다 보니 우리 시장에 직간접적인 영향을 많이 주고 있다는 걸 알게 되었고, 그 때문인지 저는 남들보다 조금 더 빨리 해외주식 투자에 갈증을 느꼈던 것 같습니다. 예컨대 '미국의 어떤 주식이 강세를 보여 우리나라의 어떤 주식이 좋아졌다면, 차라리 미국의 그 주식을 사는 게 낫지 않을까?', 'A 회사에 납품하는 L 회사를 사는 것보다 차라리 그냥 A 회사를 직접 사는 게 낫지 않을까?' 같은 당연한 생각을 했습니다. 혹시나 하는 마음에 가상 매매로 시뮬레이션을 해보면 역시나 해외주식의 성과가 훨씬 뛰어났습니다. 그 때문에 '해외주식'은 저에게 꼭 필요한 '무언가'였습니다.

미국주식 투자를 처음 시작할 당시, 정말 많은 난관에 부딪혔습니다. 해외주식에 투자하기 위해서는 해외 거래소 회원 자격이 있는 증권사의 계좌가 있어야 하는데 당장 그것부터 쉽지가 않았습니다. 가장 쉽게 떠올릴 수 있는 미국 대형 IB에 연락했더니 불친절도 그런 불친절이 없었습니다. 어렵게 거래할 증권사를 찾으니, 이번에는 회사를 설득하는 것이 만만치가 않았습니다. 회사의 자기자본을 운용하는 프랍 트레이더이다 보니 회사 내 수많은 사람들을 설득해야만 했죠. 먼저 저를 관리 감독하는 본부장 이상의 경영진을 설득해야 했고, 회사 내 위험을 관리하는 부서를 설득해야 했습니다. 마지막으로는 회사 내 재무와 회계를 처리하는 부서들도 제가 직접 설득해야 했었습니다. 특히 자기자본의 해외주식 투자에 대한 재무 및 회계 처리 매뉴얼 자체가 당시 회사에 없었습니다. 그렇다 보니 운용 부서인 우리 팀이 그 매뉴얼을 만들어 회계 팀에 제공해야 했습니다. 이러한 수많은 난관 중 가장 큰 난관은 따로 있었습니다.

"해외주식은 무슨… 국내주식이나 잘해라!"

바로, 곱지 않은 사람들의 시선이었습니다. 심지어 '해외주식에 대한 정보가 부족한데 할 수 있을까?'에 대한 의문은 부서 내에서도 있었습니다. 수많은 회사 사람들을 설득하면서 진행하는 새로운 사업이기에 저는 어쨌든 성과를 내야만 했습니다. 저는, 스스로 자신이 있는지 자문해 보았습니다. 추세추종 투자 방식에 대한 본질적인 고민, 그리고 '체계화'가 어쩌면 이 해외 주식투자를 준비하는 과정에서 이루어졌다고도 볼 수 있겠습니다. 앞서 얘기한 수많은 난관들보다 더 중요한 '스스로를 설득하는 과정'을 거쳤기 때문입니다. 당시 제가 던진 질문입니다.

"나는 영어도 현지인처럼 능숙하지 않다. 누가 와서 도와주지도 않는다. 정보도 부족하고 그 시장의 생리도 잘 모른다. 그런데 시뮬레이션 몇 번 해본 것으로 자신할 수 있는가? 그래서 정말 돈을 벌 수 있는가?"

이 질문에 대한 답을 스스로 내놓지 못했다면 저는 지금도 해외주식을 하지 못했을 것입니다. 당시, 제가 내린 결론입니다.

"나는 국내주식 투자를 할 때도 다른 사람들과 많이 상의하지 않는다. 그런데 해외주식 투자를 한다고 남들과 이야기해야 하나? 또 영어는 대충 읽을 수만 있으면 되는 것 아닐까?"

"내가 투자를 하면서 정보를 가지고 매매하는 것도 아닌데, 시장의 알려지지 않은 정보까지 알 필요가 있는가? 미국 증시가 우리 시장보다 훨씬 선진 시장이고, 시장의 생리가 중요한 곳은 오히려 시장이 발달되지 않은 EM 시장이다. 그러니 시장의 생리는 기본적으로 우리보다 미국 증시가 더 간결하고 합리적이지 않을까?"

"물론, 아직 자신할 수 없다. 그러니 일단 작게 시작하자. 그러면서 노하우를 키우고 성과가 생기고 자신이 붙을 때마다 그 규모를 키워가자. 자신은 없지만 안 하고 후회하는 것보다는 훨씬 낫다."

그러나 아직 궁극적인 문제가 해결되지는 않았습니다. 생소한 해외주식 시장에서 '어떻게 돈을 벌 것인가?'에 대한 답이 있어야 했습니다. 당시 추세추종 투자를 완성했다고는 볼 수 없지만 그래도 어느 정도 체계화하고 있었고, 추세추종 투자를 통해 국내에서 나름의 성과를 내고 있었습니다. 수익도 내고, 2008년 금융위기에서 누구보다 위험 관리를 잘했던 시기이기도 했죠. 그래서 저의 추세추종 투자를 신뢰할 수 있었습니다. 저는 다시 고민하기 시작했습니다.

> "내가 삼성전자를 매매하고 있는데 정말 삼성전자를 완전히 이해하고 투자를 한 적이 있는가? 내가 알고 있는 삼성전자에 대한 기본적인 정보는 이미 시장에 알려진 정보가 전부 아닌가? 내가 의사결정을 내리는 주요 변수는 전체 시장의 흐름이고 또 그 안에서 해석된 각 자산의 추세이며, 삼성전자의 추세 아니던가? 그렇다면 나에게 삼성전자는 쉬운 주식이고 애플은 어려운 주식인가?"

> "나는 아침마다 미국 증시의 흐름을 누구보다 세밀히 해석해 오지 않았나? 그렇다면 정말 삼성전자나 애플이나 똑같은 방식으로 투자하면 되지 않나? 그래서 미국 증시가 오르기만 하면 돈을 벌 수 있지 않을까?"

이런 고민까지 하고 난 후 스스로를 설득할 수 있었고, 결국 그 누구도 하지 않았던 2009년 해외주식 투자를 '기관투자가'로서 시작할 수 있었습니다. 이렇게 개인사를 얘기한 이유는 제가 이 책을 통해 설명하고 있는 추세추종 투자야말로 해외주식 투자를 하는 가장 쉬운 방법이라 생각하기 때문입니다. 특히 미국이나 유럽 같은 선진 증시는 더더욱 그렇습니다. 미국 증시는 우리 시장보다 훨씬 더 큽니다. 각 기업의 시가총액은 물론이고 시장 전체의 거래대금은 우리 시장과 비교할 수도 없습니다. 달리 이야기하면 우리 시장보다 효율적 시장 가설이 더 잘 적용되는 시장이라는 뜻이 됩니다. 추세추종 투자는 시장이 효율적 시장 가설로 많이 설명되면 될수록 유리한 투자 방법이기 때문입니다. 따지고 보면 미국 증시가 우리 시장보다 이 조건에 훨씬 더 잘 들어맞는 시장인 거죠.

투자 대상도 엄청나게 많습니다. 효율적 시장 가설이 적용 가능한 한국 시장의 주식을 저는 대략적으로 '시가총액 2조'로 잡고 있는데요. 우리 시장에서는 그런 기업의 수가 아주 많지는 않습니다. 그런데 미국 증시로 넘어가면 시가총액 기준을 10조로 잡더라도 우리나라보다 훨씬 더 많은 기업이 있습니다. 즉, 효율적 시장 가설과 추세추종 전략이 적용 가능한 주식이 훨씬 더 많다는 뜻입니다. 이제 해외투자를 할 때 'Top down' 방식의 추세추종 투자가 왜 다른 투자법보다 유리한지 하나씩 짚어보겠습니다.

첫째, 정보의 부족이 그다지 치명적이지 않습니다. 우리는 그 나라에 살고 있지 않습니다. 그래서 너무나 당연하게도 그 나라에 살고 있는 사람들보다 세세한 정보에서는 열위에 있을 수밖에 없습니다. 기업 하나를 이해하는 데도 열위에 있습니다. 기업 방문을 하는 것도 어렵고, 기업에 대한 자세한 보고서를 구하는 것도 국내 기업들에 비해서는 어려운 것이 사실입니다. 요즘 부쩍 해외주식을 설명하는 유튜버가 많아졌지만 정확하지 않은 정보가 대부분입니다. 그뿐만 아니라 중요한 정보를 제공하지도 않습니다. 뉴스 읽기에 그치는 등 콘텐츠가 매우 부실하다는 겁니다. 다시 말해, 이러한 정보들은 이미 '주가에 반영된 정보'입니다. 그러니 유튜브를 통해 기업을 공부한다고 해도 사실상 기업의 본질에 접근하는 정보를 얻기란 불가능에 가깝다는 얘기죠. 그러나 'Top down' 방식을 통해 추세 추종 투자 전략을 취하게 되면 이러한 문제는 비교적 손쉽게 해결됩니다.

우리나라의 경우 우리나라 '매크로(Macro)'가 우리나라만의 문제로 설명되지 않습니다. 우리나라 매크로를 설명하기 위해서는 해외, 특히 미국의 매크로 상황을 설명해야만 합니다. 즉 미국 매크로를 이해하는 데는 우리나라 자료만으로도 충분하다는 것이죠. FOMC가 금리를 변경하고 나면 우리나라에서만 관련 자료가 수십 개는 쏟아집니다. '매크로의 이해'에 있어서는 우리가 미국인들보다 정보적으로 열위에 있다고 보기가 어렵습니다. 시장이 효율적이라는 가정으로 추세추종 전략을 하게 될 경우, 투자하는 종목은 기본적으로 초대형주로 국한됩니다. 그리고 이런 초대형주는 기본적으로 정보의 비대칭성이 적습니다. 그렇기에 한 기업에 대한 정보 부족이 치명적인 약점이 되지는 않습니다(대부분의 정보는 이미 주가에 충분히 반영되어 있을 것입니다). 결국 미국에 있는 투자자도, 정보의 우위가 없는 우리 같은 해외 투자자들도 비교적 공평한 경쟁을 할 수 있다는 뜻입니다. 이런 주식을 대하기 가장 쉽고 효과적인 방법이 바로 추세추종 전략입니다.

둘째, 밤을 새울 필요가 없다는 것입니다. 해외투자 시 많은 분들이 기술적 분석에 기초한 투자를 합니다. 국내에서도 기술적 분석에 기초한 투자를 많이 하기 때문에 그 방법을 그대로 옮겨 간 것 같기도 합니다. 그런데 기술적 분석에 기초한 투자는 기본적으로 많은 매매를 필요로 합니다. 매수 조건이 정해져 있고, 매도 조건이 정해져 있는 경우가 많기에 이는 당연한 결과입니다. 특히 국내 기술적 투자자들의 경우 한 주식을 보유하는 기간 자체가 매우 짧다는 특징이 있습니다. 해외투자를 하면서 밤새도록 시세를 보는 투자자들이 많다는 얘기입니다. 만약 직업적 투자자라고 한다면 가능할 것입니다. 그러나 대부분은 생업이 있고, 주식은 어디까지나 재테크 차원입니다. 해외주식 투자를 한다고 매일 밤을 새우다시피 한다면, 그래서 생업에 영향을 준다면 이는 주객이 전도된 상황일 것입니다.

여담이지만, 기관에 속해 있는 직업 투자자들도 사무실에 홀로 앉아 야근하는 것을 상당히 지양하고 있습니다. 아주 조용한 밤에 사무실에 혼자 있는 상황 자체가 매우 불안정한 상태이기 때문입니다. 현역 시절, 같이 일했던 동료들이 저지른 매매 사고를 직간접적으로 꽤 많이 경험했습니다. 제가 경험한 매매 사고의 절대다수가 바로 이 '나이트 근무'에서 나왔습니다. 늦은 밤, 아무도 없는 사무실에 혼자 있는 상황은 실수를 유발하기에 가장 좋은 환경입니다. 우리는 심리적으로 밤에, 그리고 혼자 있을 때 가장 나약해지고 불안해지기 때문입니다. 그래서 매매 원칙을 지키는 않는 경우도 많고, 숫자 하나를 잘못 입력하는 등의 실수도 밤에 훨씬 더 잘 발생합니다. 이러한 이유로 대부분의 기관에는 야근을 지양하는 규정이 있습니다.

추세추종 투자를 하게 되면 기본적으로 매매 빈도가 매우 낮습니다. 추세의 변곡점을 확인하고 나서 의사결정을 하는 것이기에 시세를 지켜보고 판단하는 것보다는 시세가 끝난 종가를 보고 판단할 때 훨씬 더 효율적이죠. 그래서 저는 기관투자가로서 정말 큰 규모의 해외주식 포지션이 있었을 때도 밤을 지새운 날은 다섯 손가락에 꼽습니다(물론 FOMC 같은 대형 이벤트가 있을 때는 밤을 꼬박 새우기도 했습니다). 매매의 횟수가 적고, 종가를 보고 매매해도 되는 추세추종 투자법은 재테크를 하는 주식투자자들에게는 가장 쉬운 해외주식 투자법이라고 볼 수 있습니다. 이런 추세추종 투자의 장점 덕분에 저는 그 누구보다 빠르게 해외주식 투자를 시작할 수 있었고, 그 성과 역시 크게 모자라지 않았습니다. 시장이 좋을 때는 저보다 훨씬 더 높은 수익을 내는 사람이 있었지만, 시장의 위기 상황에서 저는 그 누구보다 제한적인 손실을 기록했습니다.

결국, 영어에 익숙하지 않아도 한국어로 된 투자 관련 자료가 풍부하고, 정보가 상대적으로 열위에 있다 하더라도 그것이 치명적인 약점으로 작용하지 않는다는 겁니다. 밤을 새우며 시세를 볼 필요도 없고 시장만 좋다면 언제든 꽤 괜찮은 수익을 낼 수 있으며, 손실은 제한적으로 가져가는 것, 이것이 추세추종 투자의 핵심입니다. 저는 이 추세추종 투자법 덕에 단순히 미국주식 투자뿐만 아니라 글로벌 원자재 투자도 총괄할 수 있었고, 그렇게 유럽주식과 일본주식에도 손쉽게 접근할 수 있었습니다 (몇 년 전 저에게 가장 좋은 수익을 안겨준 주식 중 하나가 바로 프랑스의 '에르메스'였습니다). 영어에 능숙하지도 않고 해외에서 공부하지도 않은 저였지만, 제가 총괄하는 부서의 포트폴리오는 하루 종일 돌아가는 글로벌한 포트폴리오였습니다. 제가 능력에 맞지 않게 글로벌 포트폴리오를 운용할 수 있었던 이유는 다름 아닌 이 '추세추종 투자법' 때문입니다.

chapter 5

오늘 배워 평생 쓰는
하루 완성 '지표 수업'

— 누구나 써먹을 수 있는 보물지도 독해법

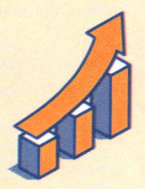

채권으로 그리는
주식 시장의 빅 픽처

　우리는 주식 투자자이지만 금융시장에서 가장 중요한 자산은 아마도 채권(금리)일 것입니다. 모든 금융시장 가격의 바탕이 되는 자산을 채권이라고 해도 무방합니다. 그렇기 때문에 주식투자를 위해서는 채권과 주식 간의 상관관계를 이해하는 것이 중요합니다. 많은 분들이 이 중요성에 대해서는 알고 있지만, 직접적인 거래를 거의 하지 않는 자산이다 보니 약간은 낯설고 거북해하는 것 같습니다. 허나 채권은 거북하다고 외면할 수 있는 자산이 아닙니다. 앞서 말씀드린 것처럼 금리는 세상의 모든 자산 가치를 평가하는 기준이 되는 자산입니다. 그래서 금리에 대한 기본적인 이해가 없다면 큰 그림을 놓치게 되고, 큰 그림을 놓치는 투자자는 위기에 빠지기 쉽습니다. 특히 주식 투자자에게는 주식과 채권의 상관관계에 대한 이해가 필수적입니다. 주식 투자자의 입장에서 설명하겠습니다.

금리란 무엇인가?

'금리가 무엇인가?'에 대한 답은 셀 수 없이 많지만, 저는 주식투자에 유용한 관점으로 얘기해보려 합니다. 금리는 다름 아닌 '돈의 가격'입니다. 채권의 이자율인 금리를 '돈의 가격'이라는 개념으로 이해할 수 있다면 수많은 경제 상황 속 금리의 흐름과 이와 연관되는 주식 시장의 영향을 모두 이해할 수 있습니다. 앞서 공부한 내용을 잠시 가지고 오겠습니다. 경기의 좋고 나쁨은 수요를 기준으로 구분할 수 있다고 설명했습니다. 네, 경기가 좋다는 것은 수요가 좋다는 뜻입니다. 수요가 좋다는 것을 좀 더 직설적으로 풀면 '돈을 많이 쓴다'는 의미가 됩니다. 돈을 많이 쓴다는 것은 돈이 많이 필요하다는 뜻이고, 돈의 가격이 비싸진다는 뜻으로 해석할 수 있습니다. 그래서 경기가 좋으면 금리는 올라가고, 주식 시장도 덩달아 좋을 것입니다. 반대로 경기가 좋지 않다는 것은 수요가 감소하고 있다는 뜻입니다. 즉 '돈을 덜 쓴다'는 의미이기에 돈의 가격인 금리는 내려갈 것입니다. 그래서 경기가 좋지 않으면 금리는 자연스럽게 내려갑니다. 이것이 경기와 금리의 가장 일반적인 상관관계입니다.

그러나 세상 일은 그렇게 간단하지가 않습니다. 완전히 정반대인 경우도 있으니까요. 저는 국채를 기준으로 채권(금리)을 이야기하고 있습니다. 기본적으로 채권 시장은 국채 중심의 시장이고, 위험 요소가 상대적으로 적습니다. 물론, 모든 국가의 채권이 다 똑같은 수준으로 안정적인 것은 아닙니다. 가끔 뉴스를 통해 어떤 국가가 부도 위기에 몰렸다거나 그 나라의 경제 시스템이 매우 취약해졌다는 소식을 접하곤 합니다. 만약 한 국가의 경제 시스템이 극도로 위험하다면 그 나라의 국채 금리는 어떻게 될까요? 네, 상승하게 될 것입니다. 한 국가의 경제 시스템 자체에 문제가 생기면 이 나라에 대한 위험이 올라가고, 이때는 국가가 발행하는 국채의 위험도 크게 증가합니다. 위험한 자산에 투자하는 것이기에 요구 수익률이 더 올라갈 것이기 때문입니다.

투자의 세계에서는 '위험 프리미엄'이 올라갔다고 이야기합니다. 이 위험 프리미엄이 올라감에 따라 금리 역시 상승하게 되는 것입니다. 일반적인 경제 활동과 금리의 상관관계와는 반대로 경제 활동이 매우 안 좋은데도 금리가 올라가는 상황이 벌어지게 되는 것이죠. 물론 그 형태는 매우 급격한 형태가 될 것입니다. IMF 시절 20%까지 상승했던 우리나라의 금리를 대표적인 예로 꼽을 수 있겠습니다. 이렇듯 금리는 '돈의 가격'으로 정의할 수 있고, 당연하게도 경제 활동과 깊은 연관이 있습니다.

금리와 채권 가격

금리와 채권 가격은 반대로 움직입니다. 이 개념은 채권을 공부하지 않은 주식 투자자에게는 약간 생소하게 느껴질 수도 있습니다. 아주 간단한 논리인데요. 예컨대 표면금리가 없는 만기 1년짜리 서로 다른 금리(만기 수익률)을 비교하면 쉽게 이해할 수 있을 것입니다. 표면금리가 없는 채권인데 만기 보장 수익률이 5%인 10,000원짜리 채권의 경우 현재 가격은 9,523.81원이 되고 1년 후 5%의 수익으로 10,000원을 받을 수 있습니다. 똑같이 표면금리가 없는 채권인데 만기 보장 수익률이 10%인 10,000짜리 채권의 경우 현재 가격은 9,090.91원이 되고 1년 후 10%의 만기 수익을 받을 수 있습니다. 똑같은 조건인 상태에서 금리 5%의 채권 가격은 9,523.81원이고 10%의 채권 가격은 9,090.91원인 것입니다. 즉 낮은 금리인 5%의 채권 가격이 높은 금리인 10%의 채권 가격보다 더 비싸다는 것을 알 수 있습니다. 이렇듯 금리와 채권 가격은 서로 반대로 움직입니다. 채권이 올랐다는 건 금리가 떨어졌다는 뜻이고, 금리가 올랐다는 건 채권 가격이 떨어졌다는 뜻이 됩니다. 이 정도만 이해해도 충분합니다.

금리와 주가(채권과 주식)

　큰 틀에서 보면 채권 가격과 주식 가격은 반대의 속성을 가지고 있습니다. 앞서 금리가 '돈의 가격'이라 말했는데요. 일반적으로 돈의 가격인 금리가 올라가는 상황은 돈의 수요가 많은, 경기가 좋은 때일 것입니다. 경기가 좋으면 금리 상승, 즉 채권은 하락하고 주식은 상승하는 반대의 방향을 나타내는 것이죠. 마찬가지로, 경기가 부진하면 돈의 수요가 떨어지기에 금리는 내려갈 것입니다. 이때, 채권 가격은 오릅니다. 경기가 좋지 않기에 주식 시장은 하락할 가능성이 크고요. 그래서 통상적으로 채권과 주식은 서로 반대의 방향을, 금리와 주가는 서로 같은 방향의 속성을 가진다고 이해하면 되겠습니다. 말은 참 쉬운데 우리의 현실은 그리 녹록지가 않습니다. 금리와 주식만 하더라도 어떨 때는 금리가 너무 올라 주식이 하락하기도 합니다. 일반적인 상관관계가 분명히 존재하지만 때로는 반대로, 때로는 일반적으로, 때로는 별 상관이 없기도 하다는 것이죠. 이러한 불규칙한 상관관계 때문에 많은 분들이 주식투자를 하면서도 금리를 고려하지 않곤 합니다. 어차피 케이스 바이 케이스로 움직일 테니 말입니다.

　그러나 대부분의 경우 주식과 채권은 깊은 관계가 있고, 금리의 흐름을 잘 이해함으로써 우리는 주식투자에 큰 도움을 받을 수 있습니다. 금리는 기본적으로 현재 주식투자의 환경을 그 어떤 자산보다 잘 설명해주기 때문입니다. 우선, 기본적인 것부터 살펴보겠습니다. 저는 금리와 주식의 관계를 가장 쉽게 설명하기 위해 주식 가치를 구하는 'DCF 모델'을 이용합니다. 주식의 가치를 구할 때 보통 'P=EPS×PER'와 같은 방식을 많이 사용하지만 기업 가치를 평가하는 애널리스트들은 DCF 모델을 사용합니다. DCF는 현금 흐름 할인 모형으로 기업의 미래 현금 흐름을 현재 가치로 할인하여 그 총합을 기업의 가치로 평가하는데요. 정확한 데이터를 수집하기 어렵고, 가정의 정확성에 따라 그 값이 크게 변하기 때문에 활용하기가 매우 까다롭고 어렵습니다. 그래도 적정한 주가를 구하는 데 매우 유용한 모델임은 분명합니다. 구체적으로 설명하지는 않겠지만, 금리와 주식의 관계를 직관적으로 이해하기 위해 잠시 살펴보겠습니다.

$$P = \frac{D}{(k-g)}$$

*P: 주가, D: 배당, k: 요구수익률(금리), g: 성장률

이것이 DCF 모델의 기본 공식입니다. 여기서 P는 주가, D는 배당, k는 요구 수익률, g는 성장률을 말합니다. 여기서 k(요구 수익률)를 금리로 바꾸어 이해하면 되겠습니다. 세상의 모든 자산은 요구 수익률, 즉 금리로 할인하여 가치가 평가됩니다. 가장 안전한 자산인 채권 금리에 따라

각 자산의 요구 수익률이 달라지기 때문입니다. 그래서 가치 평가의 측면에서 생각하면 금리가 높아질수록 해당 자산(여기서는 주가)의 가치는 내려가게 됩니다. 이 공식으로 이야기하자면 요구 수익률 k가 분모이기 때문에 분모가 커지면 주가는 내려가게 됩니다. 즉, 가치 측정의 측면에서 주가를 생각하면 주가는 금리와 반대의 방향인 것이죠. 그런데 분모에 g라는 성장률이 있고, 이 g는 금리를 기본적으로 포함하는 개념입니다. 성장률이 높으면 금리는 올라갈 텐데, 그럼에도 이 자산의 성장률이 k라는 요구 수익률보다 높다면 주가는 상승하게 될 것입니다. 공식으로 보면 분모가 작아지기 때문입니다.

금리와 주가가 어떨 때는 정방향, 어떨 때는 역방향으로 작동하는 이유는 이 금리가 주식 가치의 할인 요소로서(분모) 플러스와 마이너스의 영향을 동시에 받기 때문입니다. 결국, 각각의 경제 상황에 할인율인 k가 중요한지(금리), 성장률 g가 중요한지에 따라 금리와 주가의 상관관계가 달라지는 것이죠. 예컨대 경기가 매우 좋지 않은 상황이라면 기업의 성장률은 둔화할 것이고, 이때 금리도 자연스레 내려갈 것입니다. 또 경기를 부양하기 위해 각 중앙은행은 금리 인하 조치를 내리게 될 것입니다. 돈의 가격을 낮추고 돈을 쓰기 쉽게 만들어 경기를 살리기 위함입니다. 이럴 때는 할인율이 낮아지기에 중앙은행의 금리 인하 결정이 주가에 긍정적인 요소로 작동할 것입니다. 요구 수익률 k가 주가에 중요해지는 시기입니다.

반대로 경기가 서서히 좋아지는 상황이라면 각 기업의 성장률이 개선되고, 경기가 좋기에 금리는 자연스레 올라갈 것입니다. 그러나 이때 주가는 상승합니다. 할인율을 압도하는 성장률이 있기 때문입니다. 금리가 상승하고 있음에도 주가는 상승하는 것이죠. 이 국면은 g가 k보다 더 중요한 구간입니다. 금리가 급격하게 하락하면 주가가 오히려 부정적인 영향을 받습니다. 금리 하락은 성장률이 이후에 떨어질 것이라는 신호로 받아들일 수 있기 때문입니다. 이렇듯 상황에 따라 금리와 주가는 역의 관계를 보이기도 정의 관계를 보이기도 합니다(그래서 어렵습니다). 우리는 여기서 하나의 중심축, 즉 경기의 좋고 나쁨에 대한 기준만 가지고 있으면 됩니다. 경기가 좋은 상황은 성장률 g가 주가에 중요한 시점이고, 금리와 주식이 같은 방향을 향합니다. 반대로 경기가 악화하는 시기는 요구 수익률 k가 중요한 시기이고, 금리를 내릴수록 주식은 상승의 움직임을 보이게 됩니다.

이렇듯 현 국면이 k가 중요한 시기인지, g가 중요한 시기인지 구분할 수만 있다면 금리와 채권의 관계는 어렵지 않습니다. 주식보다 경기를 더 잘 반영하는 금리의 흐름에 따라 경기의 방향을 유추할 수 있기에 큰 도움을 받을 수 있다는 것이죠.

장단기 금리 스프레드

　금리 자체의 방향만으로도 경기를 확인할 수 있고 이는 또한 경기를 톺아보는 훌륭한 가늠자가 되지만, 금리 스프레드라는 개념을 이해하면 경기의 이해뿐 아니라 주식투자를 이해하는 데 많은 도움을 받을 수 있습니다. 우선, 채권에는 만기가 짧은 단기 채권과 만기가 긴 장기 채권이 있습니다. 같은 정부가 발행했다고 해도 이 만기에 따라 서로 다른 금리가 형성됩니다. 보통 만기가 짧은 단기물 채권 금리의 경우 중앙은행의 통화정책에 큰 영향을 받습니다. 중앙은행의 통화정책이 금리를 내리는 구간인지, 올리는 구간인지에 따라 단기물 채권 금리의 방향이 결정되며 금리 수준 역시 중앙은행 금리에 가까운 수준에 머물러 있게 됩니다. 반면 만기가 긴 장기물 채권의 경우 여기에 몇 가지 요소가 더해져 금리가 결정됩니다. 이 때문에 단기물 금리와 장기물 금리의 차이가 발생합니다. 그리고 우리는 이 금리 차이를 '장단기 금리 스프레드'라고 부릅니다. 더불어 금리 스프레드는 경제 성장, 미래 불확실성, 채권 발행 계획에 따른 수급 영향 등 3가지의 일반적인 요소를 지니고 있습니다. 우리는 주식투자에 필요한 것만 습득하면 되기에 첫 번째와 두 번째 요소만 짚어보겠습니다. 기본적으로 장기물 금리는 단기물 금리보다 높게 형성되어야 합니다. 여러분도 누군가에게 돈을 빌려줄 때, 기한이 6개월일 때보다 10년일 때 더 높은 이자를 받을 것입니다. 기간이 길어지게 되면 미래에 대한 불확실성이 커지기 때문에 금리가 높아지는 것은 당연하죠.

● **2022년 미국 단기 국채 금리의 변동**

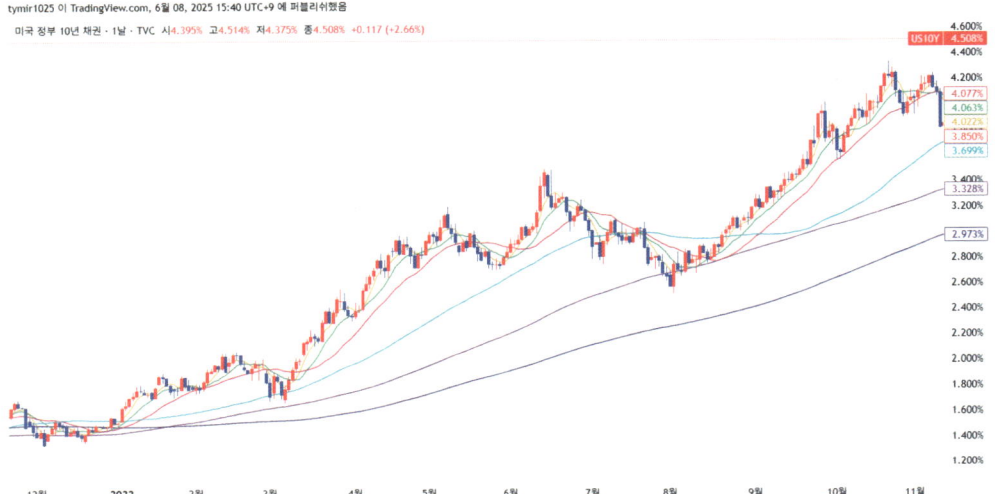

● **2022년 미국 장기 국채 금리의 변동**

● 2022년 미국 S&P500 지수의 변동

보이는 바와 같이 2021년 말부터 2022년까지 전반적인 금리의 상승이 있었는데, 단기 금리의 상승이 훨씬 컸습니다. 단기 금리는 0.6%에서 4.6%로 상승한 반면, 장기 금리는 1.5%에서 4.2% 정도의 상승만 보였습니다. 장단기 금리 스프레드가 축소, 역전된 것입니다. 그렇기 때문에 같은 기간 동안 주식 시장은 이와 같이 지속적인 하락추세를 보이게 되었습니다.

다시 채권으로 돌아오겠습니다. 만약 현재 경제 성장 전망이 낮아지게 된다면, 즉 경기가 둔화를 보이거나 후퇴할 거라고 생각된다면 단기 채권의 금리가 장기 채권의 금리보다 상대적으로 높아집니다. 경기 침체

우려로 인해 단기 채권에 대한 불확실성이 높아지면서 채권 수요가 감소해 금리가 상대적으로 더 많이 오르기 때문입니다. 그래서 단기물 금리와 장기물 금리 사이에 형성되는 금리 간 차이(금리 스프레드)는 경기를 판단하는 중요한 판단 근거로 삼을 수 있습니다. 경기가 부진할 것으로 예상하면 장단기 금리 스프레드는 축소되고, 반대로 경기가 좋아질 것으로 예상하면 금리 스프레드는 상승할 것입니다.

금리 스프레드는 일드 커브 플랫, 일드 커브 스팁이라고도 표현하는데요. 장단기 금리 스프레드가 축소되면 일드 커브 플랫, 금리 스프레드가 확대되면 일드 커브 스팁이라고 표현합니다. 신문기사나 증권사 보고서에서 '일드 커브'라는 단어를 보게 되면 어렵게 생각하지 말고, '금리 스프레드를 말하는구나!' 하고 이해하면 되겠습니다. 이 장단기 금리 스프레드는 경기를 알려주는 유용성이 있어서 우리나라의 경우 경기 선행지수의 구성 항목으로도 들어가 있기도 합니다.

하이일드 스프레드를 통한 시장 위험 판단

금리는 경기의 방향과 더불어 경제 시스템 자체의 안정성과 시장의 위험 선호심리를 파악하는 데도 큰 도움을 줍니다. '주식투자'라는 것이 결국 변동성이 높은 위험 자산에 대한 투자를 말하는 것이기에 경제 시스템의 안정성과 위험 선호심리의 높낮이는 매우 중요한 투자 참고 사항이 됩니다. 이를 가장 잘 표현해주는 금리 관련 지표 중 하나가 하이일드 스프레드, 혹은 회사채 스프레드입니다. 우리는 지금껏 정부에서 발행한 국채를 중심으로 이야기해 왔습니다. 그러나 채권에는 국채만 있는 것이 아니고 회사채도 존재합니다. 회사채 중에는 신용등급이 우량한 기업의 채권만 있는 것이 아니라 신용등급이 낮은 기업의 회사채도 있습니다. 이런 기업의 회사채를 흔히 '하이일드 채권'이라고 합니다. 신용등급이 낮기 때문에 위험 요소가 더 많고, 그렇기에 더 높은 금리에서 발행되고 거래되는 채권입니다.

최고 신용등급 채권과 하이일드 채권과의 금리 차이, 혹은 국채와 하이일드 채권과의 금리 차이가 바로 이 '하이일드 스프레드'입니다. 하이일드 스프레드가 낮다는 것은 조금 불안한 회사의 회사채에 대한 가산금리가 낮다는 뜻입니다. 위험한 자산에 대한 요구 수익률이 높지 않다는 얘기인데, 이는 경제 시스템이 굉장히 안정적일 것이라 판단될 때 나타나는 현상입니다. 반대로 하이일드 스프레드가 높다면 이는 위험한 자산에 요구하는 가산금리가 높다는 뜻입니다. 경제 시스템이 위험하다고 느껴질 때 우리는 위험한 자산에 당연히 더 높은 수익률을 요구할 것입니다. 이는 경기가 둔화해도 마찬가지입니다. 위험이 더 증가했기 때문이죠. 이렇게 우리는 하이일드 스프레드를 통해 경제 시스템의 안정성, 경기의 방향을 가늠할 수 있습니다. 이는 주식투자의 위험의 정도와도 직결되는 중요한 요소입니다.

물론, 주식투자를 하면서 굳이 금리 스프레드와 하이일드 스프레드를 따로따로 구할 필요는 없습니다. 다만 경제 신문기사나 증권회사가 발행하는 보고서에서 늘 나오는 단골 메뉴이기에 이런 것들을 전문적으로 설명하는 자료 정도는 꾸준히 읽을 필요가 있습니다. 때로는 이런 것들이 우리의 주식투자에 꽤 유용한 신호가 되어줍니다.

중앙은행과 금리

금리를 논할 때는 중앙은행을 빼놓을 수가 없는데요. 이 중앙은행에 대한 이야기로 금리 파트를 마무리하겠습니다. '주식투자가 어렵냐, 채권투자가 어렵냐'는 월스트리트뿐만 아니라 여의도에서도 끊이지 않는 논쟁거리 가운데 하나입니다. 채권에 투자하는 사람들은 채권 투자가 더 어렵다고 이야기하고, 주식에 투자하는 사람들은 주식투자가 더 어렵다고 말합니다. 이는 자신이 처한 상황이 가장 어렵다고 느끼는 인간의 본성에 해당하는 문제이고, 사실 둘 다 똑같이 어렵고 힘듭니다. 다만 '기준이 존재하는가?'에 대한 명확한 차이가 있을 뿐입니다. 채권에는 중앙은행이 정한 '기준금리'라는 것이 있고, 주식에는 '기준주가'라는 것이 없습니다. 미 연준에서, 한국은행에서 기준금리는 정해주지만 현재 상황 주가

지수가 어느 수준이라고 정해주지는 않습니다. 이것이 주식과 채권 투자의 가장 큰 차이점 중 하나입니다.

금리는 세상 모든 자산의 가치 평가 기준이 됩니다. 우리는 주식투자자이지만, 금리의 기준을 설정하는 중앙은행에 대해 어느 정도는 이해하고 있어야 합니다. 사실 중앙은행이라는 주제 하나만으로도 책 몇 권쯤은 쓸 수 있겠지만, 최대한 주식투자에 필요한 부분들만 간략하게 설명하겠습니다. 우리나라에는 한국은행, 미국에는 FED, 유럽에는 ECB, 일본에는 BOJ가 있습니다. 우리나라의 경우 한국은행 산하 금융통화위원회에서 통화정책(기준금리 및 각종 기타 통화정책)을 결정하고 미국에서는 FED의 FOMC(연방공개시장위원회)에서 통화정책을 결정합니다. 여기서 말하는 통화정책이란 기준금리의 결정뿐 아니라 시중의 유동성을 결정하는 다른 많은 통화정책을 포함합니다. 이 책에서는 기준금리 결정에만 집중하겠습니다.

중앙은행의 가장 핵심적인 책무는 이중책무(dual mandate)입니다. 즉 중앙은행은 이 두 가지 임무의 달성을 위해 통화정책을 결정한다는 것입니다. 중앙은행의 이중책무는 '물가안정'과 '완전고용'입니다. 완전고용을 추구하면서 물가안정을 이루는 것이 실제 중앙은행 통화정책의 목표인 것이죠. 우리는 신문지상에서 매파(hawkish), 비둘기파(dovish)라는 말을 종종 접합니다. 비둘기파(dovish)가 주로 금리 인하에 우호적인 입장이기 때문에 주식투자자들은 이 비둘기파를 우리 편으로, 매파를 적으로 착각하곤 합니다. 그러나 사실 매파와 비둘기파는 그런 개념이 아닙니다. 통화정책을 결정함에 있어 물가안정에 좀 더 무게를 두면 매파이고, 완전고용에 무게를 두면 비둘기파인 것입니다(그러니 매파를 너무 미워할 필요가 없습니다).

중앙은행은 물가안정과 완전고용이라는 두 가지 책무를 위해 통화정책 결정을 내리기에 경기 활성화는 중앙은행의 핵심 목표가 아닙니다. 중앙은행의 입장에서 경기의 활황은 완전고용을 이룰 때 자연스럽게 따라오는 현상인 것이죠. 그래서 경제 활성화를 위한 조치는 중앙은행보다는 행정부를 통해 나타난다고 보는 게 맞습니다. 물론 아예 분리할 수 있는 문제는 아니지만 말입니다. 중앙은행에게 가장 중요한 책무는 물가안정과 완전고용이기 때문에 결국 금리를 이해하는 가장 중요한 경제 현상은 '물가'와 '실업률'입니다. 중앙은행은 이 두 경제 현상을 토대로 '기준 금리'를 결정합니다. 그래서 CPI, PCE와 같은 물가지표, 실업률, 비농업 부문 신규취업자 수 등의 고용 지표가 채권투자의 가장 중요한 경제 지표가 되고, 이는 또한 주식투자의 중요한 지표가 됩니다(이 정도 연결고리만이라도 꼭 이해하길 바랍니다).

우리나라는 통화정책, 즉 기준 금리를 결정할 때 미국 기준 금리의 영향을 받을 수밖에 없습니다. 금리가 환율에 직접적인 영향을 주게 되는데 환율은 우리나라 입장에서는 '매우 중요한 가격'이기 때문입니다. 결국, 이런 이유 때문에 우리나라에서 주식투자를 하는 사람들은 어쩔 수 없이 미국의 물가지표, 고용 지표에 주목할 수밖에 없습니다.

중앙은행 vs 중립금리

중립금리는 경기를 뜨겁게 하거나 차갑게 하지 않는 수준의 자연금리로서 정확히 측정되는 금리는 아닙니다. 통화정책을 결정하는 금통위 위원이나 연준 위원들이 경제 상황을 면밀히 판단하여 유추해내는 금리인 것이죠. 그래서 매우 어렵고 난해하다고 볼 수 있습니다. 이 중립금리를 굳이 언급하는 데는 그럴 만한 이유가 있는데요. 이것이 바로 기준금리 결정의 '기준'이 되기 때문입니다. 우리는 금리를 내리면 완화적인 통화정책, 금리를 올리면 긴축적인 통화정책이라고 알고 있습니다. 물론, 이는 틀린 말이 아닙니다. 그러나 조금 더 원론적으로 생각해 보면, 기준금리가 중립금리 위에 있다면 긴축적인 통화정책이고, 반대로 기준금리가 중립금리 아래에 있다면 완화적인 통화정책입니다. 그래서 경제가 발전하고 생산성이 증가하면 자연스럽게 중립금리가 올라가고, 기준 금리가 높은 수준을 유지하는 것입니다.

반대로 경제 성장이 더디고 생산성이 감소하는 상황이 오면 중립금리는 계속 내려갈 것입니다. 기준금리가 지속적으로 하락하는 현상이 나타난다는 것이죠. 결국 중립금리의 방향은 실제 그 나라의 경제 방향성을 가늠하는 척도가 된다고도 볼 수 있습니다. 중립금리가 올라가는 국가는 주식투자를 하기 가장 좋은 인플레이션 경기 활황의 국가이며, 중립금리가 내려가는 국가는 주식투자를 하지 말아야 하는 디플레이션 국가가 됩니다. 중립금리가 비록 난해하고 어려운 개념이지만, 주식투자자라면 통화정책을 이야기하는 사람들이 중립금리를 어떻게 생각하는지는 귀담아들을 필요가 있습니다.

정리해 보겠습니다. 주식의 가치는 기본적으로 기준금리의 영향을 크게 받습니다. 이 기준금리를 결정하는 중앙은행은 물가안정과 완전고용이라는 목표를 가지고 있습니다. 기준금리를 가늠하기 위해서는 물가를 알려주는 경제지표와 고용시장을 알려주는 경제지표를 이해할 필요가 있습니다. 또한 중립금리는 기준금리의 기준이 되는 금리이고, 중립금리의 궁극적인 방향은 주식투자의 향방에 있어 매우 중요한 지표가 될 수 있기에 놓쳐서는 안 됩니다.

일드 커브의 분류와 의미

여기서 등장하는 단어들은 국내 신문기사에서도 주로 사용하는 표현입니다. 채권과 금리가 오늘날 모든 자산가치 평가의 기초가 되는 만큼, 한 번쯤 읽어주었으면 합니다.

1. 정상 커브(Normal curve)
일반적인 일드 커브는 우상향하고 만기가 가까워질수록 플랫해진다. 장기 채권의 이자율이 단기 채권보다 높기 때문이다.

2. 가파른 수익률 곡선(Steep Yield Curve)
가파르다는 것은 만기가 될수록 급격하게 상향하는 곡선으로 표현되고, 가파른 곡선은 만기가 긴 채권에 대해 더 높은 수익률을 요구한다는 것이다. 즉, 금리 인상 기대와 인플레이션 및 경기상승을 의미한다.

3. 플랫 커브(Flat Yield Curve)
말 그대로 수평으로 플랫한 커브. 이런 곡선은 연준이 금리를 인상한 후에 나타날 수 있고 경기 침체로 향할 수 있다고 해석한다.

4. 역수익률 곡선(Inverted Yield Curve)
정상 커브의 정반대로 우하향하는 모습이다. 단기 채권이 장기보다 수익률이 높은 상태로 금리 하락 전망이나 경기 침체의 신호다.

5. 험프 커브(Humped Yield Curve)
평평한데 중간이 솟아있는 모양으로 중기채권 이자율이 단기나 장기보다 높을 것으로 기대하는 것이다.

환율을 이해하면
시장의 목소리가 들린다

우리는 언론과 증시 분석 자료를 통해 환율 상승, 증시 급락 등의 이야기를 자주 접합니다. 환율은 그 자체로도 많은 의미를 지니며, 환율의 흐름에 따라 주식 시장에 크고 작은 변화가 일어납니다. 그래서 환율에 대해 어느 정도 이해하고 있으면 주식투자의 큰 틀을 잡을 수 있습니다. 저는 환율의 흐름 역시 금리와 마찬가지로 '시장이 우리에게 해주는 말'이라 생각합니다. 다만 환율의 개념은 광범위하고 하나씩 따지고 들면 주식투자에 이렇다 할 도움이 안 되는 부분도 많기에, 여기서는 주식투자에 도움이 되는 부분을 중심으로 살펴보겠습니다.

환율을 이해하기 전에 '환율은 절대적인 가치가 아니라 상대적인 가치'라는 것을 반드시 인지해야 합니다. 이는 어쩌면 매우 당연합니다. 환율은 각 나라 통화의 교환가치이기에 절대적인 개념이 될 수 없다는 것이죠. 절대 가치가 아닌 상대 가치이기 때문에 교환 기준의 대상이 필요합니다. 전 세계 통화는 미국의 '달러'라는 기준 통화를 가지고 교환가치가 형성됩니다. 그런즉, 환율을 이해하기 위해서는 달러를 먼저 이해해야 합니다.

달러 이해의 기본, 달러인덱스 지수

달러는 미국의 통화이자 전 세계 통화 가치의 기준이 되는 기축 통화입니다. 고등학교 사회시간(지금은 사탐)에 '브레턴우즈 체제'에 대해 들어본 기억이 있을 겁니다. 달러를 기준(기축) 통화로 하되 통화의 절대적인 기준을 '금'으로 삼은 체제였습니다. '금환본위'라고도 부르지요. 즉, 달러를 기축으로 하되 금 1온스를 35달러로 고정하고 다른 나라의 통화는 달러에 고정하는 것입니다. 이 체제는 1971년 닉슨 쇼크로 인해 붕괴되는데요. 붕괴 이유에 대해서는 경제사 책을 통해 따로 공부하면 좋을 것 같고, 여기에서는 의미만 간략히 설명하겠습니다.

브레턴우즈 체제의 붕괴는 금환본위제의 붕괴를 말하는 것인데, 이는 달러의 절대적 기준으로 금을 더 이상 사용하지 않는다는 뜻입니다.

화폐의 절대적 기준이 사라졌다는 의미로 볼 수도 있죠. 화폐의 절대적 기준이 사라지다 보니 전 세계적으로 달러의 가치는 더욱 올라갔고, 기축 통화로서의 가치는 더더욱 증가했습니다. 이 사건이 미국이 금융시장 패권을 가지게 된 결정적 계기가 되었다는 해석도 많습니다. 기축 통화로서의 가치가 더 높아지다 보니 미국을 제외한 나라들은 달러라는 외환 보유고를 채울 수밖에 없었고, 그래서 외환(달러) 보유고가 그 나라의 안정성을 가늠하는 일종의 지표가 되기도 했습니다. 이렇듯 환율은 달러라는 기준(기축 통화)으로 결정되는 상대적 가치라는 것을 이해해야 합니다.

달러의 대체 통화와 그렇지 못한 통화

달러가 통화의 절대적인 기준이지만, 모든 나라의 통화가 같은 작동 방식과 의미를 지닌 건 아닙니다. 달러와 대체 가치가 있는 통화와 그렇지 못한 통화는 같은 환율이어도 다르게 작동합니다. '달러의 대체 가치가 있는 통화'는 달러 대신 사용할 수 있는 '가치'를 부여받은 통화를 의미합니다. 미국만큼은 아니어도 경제 규모가 충분히 크고 독립적인 중앙은행이 있으며, 독립적인 금융시장이 구성된 나라들의 통화가 여기에 포함됩니다. 글로벌 금융시장은 이런 나라들의 통화를 하나로 묶어 달러 가치를 평가하는 지수를 만들었는데 이것이 바로 달러지수, 달러인덱스

(DXY)입니다. 그러니 달러지수에 포함되는 통화는 달러와 대체 가치가 있는 통화로 인식하면 됩니다.

달러지수에 포함되는 통화는 EUR(유로), JPY(엔), GBP(파운드), CAD(캐나다 달러), SEK(스웨덴 크로나), CHF(스위스 프랑) 등 총 7개의 통화입니다. 달러지수는 각 통화의 규모와 중요도를 고려하여 가중 평균으로 결정하는데 EUR(유로)가 약 57%, JPY(엔)이 13%, GBP(파운드)가 12%의 비중을 가지고 있습니다.

● 달러인덱스

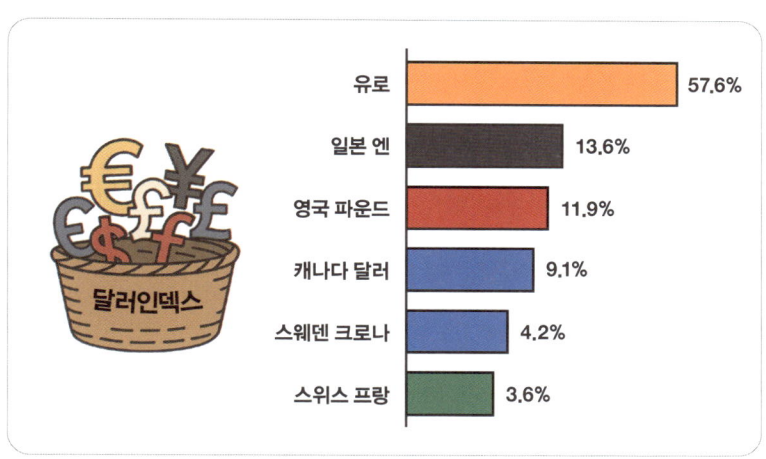

이렇듯 달러와의 교환가치를 인정받으며 달러지수에 포함된 통화가 있는가 하면 대체 가치를 인정받지 못하는 통화도 있습니다. 이런 통화에는 경제 및 금융시장의 규모와 자율성, 선진성 등이 부족해 달러에 고정

(peg)해 환율이 정해지는 통화가 있고, 규모가 크고 시장 자율성이 높아 달러에 고정(peg)하지 않는 변동환율제를 채택하는 통화가 있습니다. 대체 가치가 없는 통화이지만 변동환율제를 채택하고 있는 대표적인 통화로 우리나라의 원과 브라질의 헤알을 꼽을 수 있습니다. 반면 대부분의 중동 지역은 달러에 고정(peg)된 '고정 환율제도'를 이용하고 있습니다. 수많은 이머징 마켓 통화가 그러합니다. 그리고 하이브리드 같은 형태로 관리 변동환율제를 채택하는 통화도 있는데 대표적으로 중국 위안, 대만 달러, 싱가폴 달러가 있습니다. 이렇게 전 세계 수많은 통화는 기축 통화인 달러와의 대체 가치, 금융시장의 규모, 선진화, 자율성 정도에 따라 변동환율제와 고정 환율제, 관리 변동환율제로 구분됩니다.

각 환율의 결정 방식

우리는 주식투자에 필요한 부분만 이해하면 되기에 각 환율의 작동 방식은 대체 가치가 있는 통화와 대체 가치가 약한 통화 중 변동환율제를 채택하는 통화를 중심으로 설명하겠습니다. 더불어 환율 결정 구조의 교과서적 분석법이 아니라 의미를 중심으로 이야기를 풀어나가겠습니다.

① 교과서상의 환율 결정 방식

환율 결정에 대한 기본적인 이해는 필요하기에 간략하게 환율 결정 방식을 소개하고 넘어가겠습니다(교과서에서 배우는 내용입니다). 환율의 결정 방식은 대체로 이자율 평가설, 구매력 평가설 등으로 설명할 수 있습니다. 구매력 평가설은 기본적으로 물가수준으로 환율이 결정된다는 것인데 결국 물가는 앞장에서 보았듯 중앙은행의 핵심 책무입니다. 그래서 구매력 평가설이나 이자율 평가설은 유사한 개념으로 이해할 수 있습니다. 어렵게 생각할 것 없이 이자율 평가설은 이자율이 낮은 지역의 통화가 약하고 이자율이 높은 지역의 통화가 강해진다는 개념으로만 이해하면 됩니다. 이자율이 낮은 국가에서 이자율이 높은 국가로 돈이 흘러가기 때문입니다. 그래서 한 나라의 중앙은행이 금리를 올리면 그 나라의 통화 가치는 올라가게 됩니다. '환율 상승'입니다.

② 대체 가치가 있는 통화의 환율 결정

다른 결정 요소가 여럿 존재하는 것은 사실이지만 대체 가치를 지닌 통화의 경우 전반적으로 앞서 설명한 교과서상의 환율 결정 방식이 작동됩니다. 대체 가치를 지닌 통화는 말 그대로 달러의 대체 통화로 볼 수 있기에 자금의 흐름이 자유롭습니다. 그래서 각 지역, 각 나라의 경제성장률, 인플레이션 등이 종합된 이자율에 의해 환율이 결정됩니다. 대체 가치를 지닌 통화는 '달러지수를 구성하는 통화'로 생각하면 됩니다. 예컨대 유럽 ECB의 기준 금리가 3%고, 미국 FED의 기준 금리가 4%라면 유로는 약하고 달러는 강세를 보이게 된다는 것입니다. 이것은 금리가 현시점에 멈추어 있을 때의 개념이고 사실은 흘러가는 개념, 즉 앞으로의 향방에 따라 움직이기도 합니다. 지금은 유럽 금리가 더 낮지만 유럽은 앞으로 금리를 올리려 하고, 미국은 금리를 올리지 않고 오히려 내리려 한다면 유로가 강해지고 달러가 약해질 것입니다. 이것이 대체 가치를 지닌 통화의 기본적인 환율 결정 방식입니다.

대체 가치를 지닌 통화는 대개 이자율에 근거하여 환율이 결정되는데, 이 이자율이란 앞서 공부했듯 경제성장률, 인플레이션 등이 반영된 것입니다. 그런즉 환율은 경제성장률, 인플레이션의 향방에 따라 정해진다고 보면 됩니다. 그렇다면, 우리가 가장 궁금해하는 주식시장은 어떻게 될까요? 대체 가치를 지닌 통화가 약하다고 한다면 이는 그 나라의 수출 가격의 경쟁력이 좋아진다는 역의 의미를 가지게 됩니다. 주식 시장은 다른 모든 금융시장 가격 중 미래 가치 반영분이 가장 크다는 특징이 있어 자국 통화 약세를 통해 수출 경쟁력이 높아지면 오히려 주식시장은 상승세를 타는 경우도 많습니다. 그 때문에 대체 가치를 지닌 통화는 환율과 주식시장 간의 상관관계가 뚜렷하지 않고요. 또한 그 나라의 통화가 약할 때 주식 시장이 더 좋은 경우도 많고, 그렇지 않은 경우도 있습니다. 다만, 통화가 약하다고 해서 반드시 주식시장이 약하다고 볼 수는 없습니다.

● 엔화가 절하되는 동안 상승하는 일본 증시 (위 엔/달러 환율, 아래 닛케이)

출처: 트레이딩뷰

위 그래프는 일본의 엔이 약세를 보이면서(환율 상승) 주식시장이 상승했던 시기입니다. 달러의 대체 관계가 있는 선진국의 경우, 이렇게 진행되는 경우가 많습니다.

③ 대체 가치가 약한 통화의 환율 결정(변동환율제)

대체 가치는 약하나 경제 규모가 충분히 크고 안정적이어서 변동환율제를 택하는 통화로 우리나라의 원과 브라질의 헤알을 예로 들었는데요. 이번 단락에서는 우리나라 환율과 주식 시장의 이해를 돕고자 합니다. 우리나라 원화는 달러의 대체 가치가 약합니다. 해외에서 달러 대신 원이 쉽사리 통용되지 않기 때문입니다. 그래서 원화나 헤알의 경우 '이자율 결정이론'과 같은 이론으로는 설명하기 어렵습니다. 변동환율제이기 때문에 어느 정도 이자율이 작동하기는 하지만 결정적이지 않아서 고정환율제처럼 달러 지수 변화에 큰 영향을 받습니다. 게다가 원화는 대체 가치 통화가 아니기에 해외에서는 달러의 교환수단보다 우리나라 펀더멘탈의 가장 직접적인 가격 증거로 작동합니다. 기본적으로 달러의 방향에 가장 큰 영향을 받는 상태에서 우리나라 펀더멘탈의 강약에 따라 환율의 상대 강도가 정해지는 것입니다. 즉, 원화는 우리나라가 경제적으로 안정적이고 성장하고 있다면 강해지고(환율 하락, 평가절상), 반대로 경제가 부진하고 성장이 둔화한다면 약해집니다(환율 상승, 평가절하).

이제 우리나라 입장에서 주식 시장을 생각해 보겠습니다. 우리나라

● 같은 기간 원/달러 환율과 증시의 비교 (위 원/달러 환율, 아래 코스피)

출처: 트레이딩뷰

는 수출국임에도 원화가 강세(환율 하락, 원화 절상)일 때 주식 시장이 좋고 원화가 약세(환율 상승, 원화 절하)일 때 주식 시장이 부진합니다. 이는 브라질도 마찬가지입니다. 우리나라는 수출 중심 국가이기에 원화가 약할 때 (환율 상승, 원화 평가 절하) 분명 수출 경쟁력이 더 좋아집니다. 그럼에도 우리 통화가 달러에 대체 가치를 인정받지 못하다 보니 환율은 교환의 측정 수단이 아니라 우리나라 펀더멘탈을 대변하는 가격 지표가 되어 주식 시장이 나빠지게 되는 것입니다. 외국인 투자자 입장에서 보면 환율의 상승은 주식투자 수익률을 감소시키는 요인이 됩니다. 그래서 외국인 투자자들도 원화가 강할 때 주식 시장에 투자를 많이 하게 되고, 이때 주식 시장은 연쇄 상승효과를 거두게 됩니다.

정리하자면, 우리나라 환율은 기본적으로 달러 지수의 흐름에 가장 큰 영향을 받습니다. 또한 원화는 해외에서 교환가치의 통화라기보다는 우리나라의 펀더멘탈을 대변하는 금융시장 가격입니다. 그래서 우리나라 환율은 달러의 흐름 위에서 펀더멘탈이라는 추가 가치가 더해지며 환율이 결정됩니다. 주식 시장에서는 환율이 하락할 때, 즉 원화가 평가 절상일 때 일반적으로 가장 좋습니다. 따라서 환율은 주식투자 비중을 결정할 때 매우 큰 시사점을 준다고 판단할 수 있습니다. 많은 주식투자 전문가들이 미국 금리와 물가를 이야기하고 고용시장 동향을 분석하는 이유가 바로 여기에 있습니다. 물가, 고용 상황을 이해해야 금리를 이해할 수 있고, 금리를 이해하면 달러 지수의 방향을 가늠할 수 있기 때문입니다. 결국, 환율의 기본적인 방향을 알면 주식 비중 결정에 매우 중요한 근거로 삼을 수 있게 됩니다.

해외주식 투자 시 환율

요즘은 많은 분이 해외주식에 투자하고 있습니다. 그런데 해외주식 투자는 국내주식 투자와 달리 '환율'이라는 고려사항이 생깁니다. 이는 더 많은 고민을 낳게 되지요. 우리가 해외주식 투자를 하는 이유는 자명합니다. 우리나라 주식 시장보다 기대 수익률이 높기 때문입니다. 우리나라 주식 시장에서 해외 못지않은 투자 수익을 올릴 수 있다면 해외주식 투자를 굳이 할 이유가 없을 것입니다. 저는 여기서 해외주식 투자와 환율의 대략적인 관계를 판단할 수 있다고 생각합니다. 우리가 해외주식 투자로 눈을 돌릴 때는 우리나라가 좋지 못할 때(원화가 약한 시기)입니다. 즉 해외주식 시장이 좋을수록 환율에서는 수익률상 플러스 효과가 나는 경우가 더 많다는 것입니다. 물론 일시적으로 수익률을 감소시키는 경우도 있으나 기본적으로 주식의 변동성이 환율의 변동성보다 훨씬 높습니다. 환율은 1년에 10% 움직이는 것도 힘들지만 주식은 하루에도 10% 이상 움직일 수 있는 자산입니다. 그러니 해외주식 투자와 환율 간의 관계는 대략적으로는 '수익률을 상승시키는 효과가 더 크고, 그렇지 않더라도 수익률에 심각한 영향은 주지 않는다'라고 볼 수 있습니다.

그런즉 투자의 기대 수익률 때문에 해외주식 투자를 결심한다면, 환율을 핵심 고려사항에 넣지 않아도 됩니다. 그보다 훨씬 더 중요한 것은 해외주식과 국내주식 중 어디가 더 매력적인지 구분하는 판단력입니다.

기축통화의 위험

최근 기축통화인 달러의 가치에 대한 위험 경고가 나오고 있습니다. 달러의 가치 저하는 주식투자뿐 아니라 우리의 삶에도 영향을 줄 수 있는 요인이기에 잠깐 짚어보겠습니다. 우리는 달러가 전 세계 통화의 기준이 '기축통화'라는 것을 충분히 이해하고 있습니다. 이 기축통화라는 것은 '그냥 되는 것'이 아니라 일정한 조건이 필요합니다. 신뢰, 유동성, 거래 네트워크의 우위라는 조건 속에서만 그 지위를 누릴 수 있는 것이죠. 신뢰는 기축통화를 발행하는 발권국(지금은 미국)의 경기 상황이 충분히 안정적이어야 한다는 개념이며, 유동성은 달러의 유통량 자체가 충분해서 전 세계적으로 사용이 가능해야 한다는 개념입니다. 그리고 거래 네트워크의 우위란 '지구상 어느 곳에서든 사용 가능하다'는 것을 의미합니다. 우리가 해외여행을 갈 때 미국이 아니더라도 달러를 챙겨가는 이유도 거래 네크워크의 우위 때문입니다. 이러한 조건하에 화폐로서의 기능이 발휘되면서 화폐의 패권을 나타내는 것이 바로 기축통화입니다.

● **기축화폐의 조건과 기능**

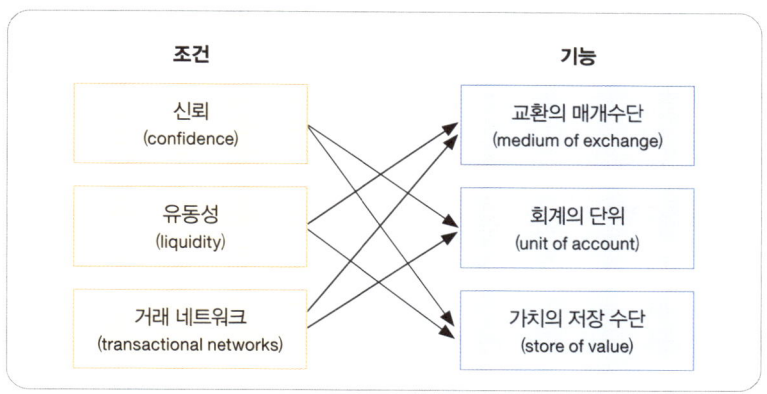

그러나 최근 들어 이러한 달러의 지위에 변화가 생기기 시작하였습니다. 여기에는 몇 가지 이유가 있는데요. 첫 번째는 막대한 미국의 정부 부채입니다. 미국은 패권국가로서 달러를 지속적으로 공급해야 할 의무가 있습니다. 그런데 이러한 지속적인 달러 공급이 미국 정부에게는 정부 재정의 부담으로 귀결됩니다. 그래서 기축통화를 발행하는 달러 패권국임에도 전 세계 3대 신용등급 기관으로부터 최고 수준의 신용등급을 부여받지 못하고 있습니다. 이를 경제학 용어로는 '트리핀의 딜레마'(Triffin's Dilema)라고 합니다. 두 번째는 미국의 금융규제입니다. 2020년대에 들어 미국은 자신들에게 적대적인 국가에게 지속적인 금융규제를 가했습니다. 러시아-우크라이나 전쟁 직후 러시아에게 금융규제를 단행한 것이 대표적인 예입니다. 미국이 다른 나라에게 금융규제를 가한다는 것은 달러의 공급을 제한한다는 뜻입니다. 그런데 이는 역설적으로 기축통화인 달러의 '거래 네트워크 우위'가 사라진다는 뜻이기도 합니다. 러시아에서 달러가 통용되기 힘들기 때문입니다.

트리핀의 딜레마란?

미달러의 기축통화 역할로 인해 미국 국제수지 적자가 지속되는 상황을 일컫는 말이다. 1950년대 당시 미국 예일대학교 교수였던 로버트 트리핀(Robert Triffn)이 주장하여 붙여진 이름이다. '트리핀의 패러독스'라고도 불린다.

출처: 두산백과

중국의 경우에는 중동지역에서 원유 결제를 자국 통화인 위안화로 사용하게 하는 외교를 펼치고 있습니다. 이 역시 결국은 달러가 기축통화로서 가지는 거래 네트워크상의 우위가 줄어드는 현상입니다. 세 번째는 디지털 자산(가상화폐)의 급부상입니다. 이 역시 결국 달러가 기축통화로 가지는 거래 네트워크상의 우위를 저해하는 요인이라 볼 수 있습니다. 미국은 최근 달러 스테이블 코인을 제도화하는 준비를 적극적으로 하고 있는데, 이는 디지털 시장에서 달러의 지위를 방어하려는 수단으로 볼 수 있습니다. 이렇게 최근 들어 달러의 지위가 약화하는 현상을 목격할 수 있습니다. 물론 달러를 대체하는 새로운 기축통화가 단기간에 발생할 가능성은 크지 않습니다. 앞으로도 계속 달러가 가장 중요한 기축통화로서 그 지위를 누릴 테고요. 그러나 기축통화의 지위를 유지한다 해도, 그

● 달러 스마일 곡선

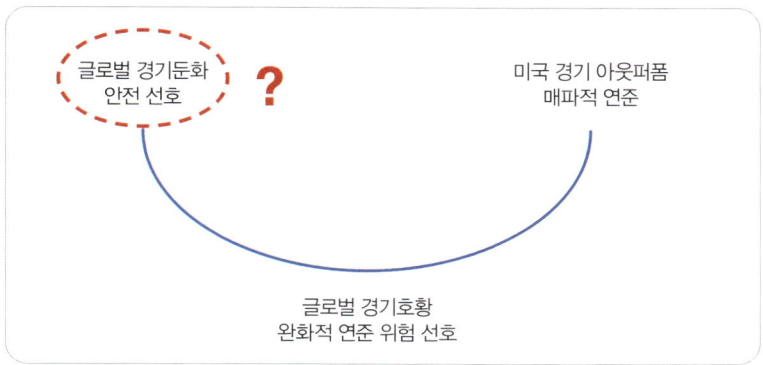

지배력이 떨어질 가능성은 배제하기 어렵습니다.

　달러는 기축통화입니다. 전 세계 안전자산이자 준비자산이기도 합니다. 우리나라는 외환보유고를 통해 국가 안정성을 평가받는데, 여기서 외환은 바로 달러입니다. 달러가 기축통화로서의 지위를 잃어가게 된다면 안전자산이자 준비자산으로서의 현상도 감소하게 될 것입니다. 달러 스마일 곡선을 살펴보겠습니다.

　미국 경기가 다른 나라를 압도할 때나 전 세계적으로 위험 상황일 때 달러가 강하다는 것을 보여주는 곡선입니다. 이는 모두 달러가 안전자산이고 준비자산이기 때문입니다. 달러가 기축통화로서의 지위를 잃어가게 되면 이 곡선은 달라질 수도 있습니다. 특히 곡선의 왼쪽, 안전자산으로서의 지위가 축소될 가능성이 큽니다. 그래서 이후에는 정말 미국 경기 상황에 따라서만 달러의 강세/약세가 정해질 수도 있다고도 볼 수 있습니다. 조금은 복잡하고 간접적인 이야기이지만, 환율이라는 금융시장 변수를 통해 주식 시장의 흐름을 이해하는 데 있어 매우 중요한 변화입니다. 앞으로 달러가 안전자산으로서 그 기능을 유지할 수 있을지 지켜볼 일입니다.

주식 시장을 바라보는 색다른 창, 원자재

　지금까지 대표적 금융자산인 금리, 환율과 주식 시장의 관계, 그리고 왜 우리가 이런 관계를 이해해야 하는지 설명했습니다. 주식투자에 참고할 수 있는 자산은 금리, 환율 외에도 많습니다. 대표적으로는 원자재를 들 수 있겠는데요. 금리나 환율만큼은 아니지만 원자재의 흐름이 주식 시장에 주는 의미들을 개괄적으로 이해하고 나면 주식투자를 하는 데 있어 훨씬 더 많은 정보를 획득할 수 있게 됩니다. 그에 따라 우리는 시장이 이야기해주는 좀 더 종합적인 이야기를 듣고, 올바른 투자 전략을 취할 수 있게 되는 것입니다.

 원유

① 원유의 정의

가장 먼저 알아볼 원자재는 원유입니다. 원유는 크게 서부텍사스산 원유, 브렌트유, 두바이유로 나뉩니다. 생산지역에 따른 구분인데요. 생산지역에 따라 원유의 성질이 약간씩 다르며, 이동의 제한에 따라 각 지역에서 사용하는 원유가 다릅니다. 생산지역을 기준으로 크게 3가지로 분류하는 까닭입니다. 이중 대표격인 서부텍사스산 원유(WTI)는 미국 텍사스 지역의 중부에서 생산되는 원유를 말합니다. 브렌트유는 북해 브렌트 유전에서 생산되는 원유이며, 두바이유는 중동지역에서 생산되는 원유를 칭합니다(참고로 우리나라는 두바이유를 사용합니다). 그리고 이 세 가지 원유 중 원유 가격의 기준이 되는 것은 'WTI'입니다. WTI가 우리에게 가장 익숙한 것도 이 때문이겠지요. 원유별로 성질의 차이가 존재하고 가격 역시 조금씩 다르게 형성되지만, 그 차이까지 정확히 알 필요는 없습니다.

이들 모두 기본적인 가격 흐름은 비슷한 궤적을 가지고 있습니다. 원유가 가지는 의미와 주식투자자의 '원유 가격 활용'에 대해 알아보겠습니다. 원유는 몇 가지 대표적 속성이 있습니다. 첫 번째는 인플레이션 가격 지표입니다. 여전히 지구는 화석 연료에 의존하고 있습니다. 대부분의 생산활동은 원유에 기반하고 있고, 소비 활동 역시 원유에 기반하고 있습니다. 물가에 가장 많은 영향을 주는 요소 중 하나가 바로 원유라는 얘기입니다. 그러나 실제 물가를 측정할 때 중요시하는 지표는 CPI(미국 소비자물가지수)에서 원유와 음식료 가격을 뺀 Core CPI입니다(이는 PCE 역시 마찬가지입니다). 그래서 원유는 대표적인 인플레이션 가격 지표지만 실제 인플레이션을 측정할 때는 크게 중요시하지 않습니다. 더욱이 화석 에너지를 점점 덜 쓰는 추세가 이어지고 있습니다. 1970년대만 하더라도 물가에 관해서 가장 중요한 것이 원유였지만, 지금은 그 중요도가 하락했다고 보면 될 것 같습니다.

두 번째는 지정학적 위험의 정도를 알려주는 대표 지표입니다. 지구상에는 아직 여전히 많은 지정학적 위기가 존재합니다. 그리고 그 지정학적 위기는 주로 중동지역에 집중되어 있습니다. 따라서 중동지역 지정학적 위기 수준을 대표적으로 표현하는 가격 지표로 이해한다면 큰 무리가 없겠습니다. 주식투자자는 원유를 '중요도가 점점 낮아지고 있는 인플레이션 가격 지표', '지정학적 위기 정도를 알려주는 가격 지표' 정도로만 활용하면 됩니다. 상황이 이렇다 보니 하루하루의 등락보다는 큰 폭의 가격 변화, 기존 범위를 넘어서는 가격 변화 등만 점검해도 충분할 것입니다.

② 원유의 일반적인 가격 결정 요인
원유 같은 원자재는 결국 수요와 공급으로 가격이 결정되는데, 사실

이러한 원자재는 수요가 크게 변하지 않습니다. 수요의 가격 탄력성이 떨어진다고 볼 수 있는데, 원유 가격이 싸거나 비싸다고 해서 수요가 드라마틱하게 변하지는 않는다는 뜻입니다. 따라서 원유 가격을 결정하는 기본적인 논리는 바로 '공급'입니다. OPEC, OPEC+라는 기구들에 의해 결정되는 공급량에 따라 원유 가격이 결정되는 것이죠. 우리가 OPEC, OPEC+등의 결정에 주목하는 이유도 바로 여기에 있습니다.

 석유 결정기구의 종류

OPEC : 사우디가 주도하여 결성한 석유 결정기구로 이란, 이라크, 사우디아라비아, 쿠웨이트, 베네수엘라, 리비아, 알제리, 나이지리아, 가봉, 기니, 콩고가 회원국이다. OPEC 회원국이 석유 매장량의 70% 정도를 차지한다고 알려져 있다.
OPEC+ : OPEC 회원국 외에도 많은 석유 생산국이 있다. 대표적으로 러시아, 멕시코, 미국 등을 들 수 있으며 기존 OPEC 회원국 외 비회원국까지 모여서 생산량을 결정한다. 이를 OPEC+라고 한다.

③ 원유에 투자한다면?

원유가 급등하게 되면 원유 자체를 투자 자산으로 활용하려는 이들도 늘 것입니다. 이때 기관투자자가 아니라면 ETF를 통해 투자할 수 있습니다. 다만 원유와 같은 원자재를 ETF로 투자하는 경우 실익이 그렇게 좋지는 않습니다. 원유에 투자하는 것은 결국 원유를 산다는 것인데,

실제로 산다고 하면 대규모의 보관 비용이 듭니다(원유 탱크 등). 따라서 ETF와 같은 금융투자 상품은 이 보관 비용을 투자자에게 부과할 수밖에 없습니다. 그런즉 원유 같은 원자재를 ETF로 장기 투자하는 것은 그리 바람직한 방법은 아니라고 볼 수 있습니다(물론 이는 다른 원자재에 공통적으로 해당하는 부분입니다). 단, 일시적인 단기 포지션으로는 활용할 수 있습니다.

원유 가격에 대한 포지션을 가지고 싶다면, 차라리 저는 원유 정제기업에 투자하라고 권하고 싶습니다. 원유가와 대표적인 원유 정제기업인

● **원유와 정제기업의 추세 비교**

출처: 트레이딩뷰

미국인 엑슨모빌(XOM)의 주가 추이에서 나타나듯 굉장히 유사한 패턴을 가지고 있는데요. 개인투자자가 가장 쉽게 원유의 흐름을 따라갈 수 있는 자산이 바로 원유 정제기업의 주식입니다.

비철금속

① 비철금속의 정의

비철금속은 어쩌면 원유보다 주식 시장에 더 중요한 의미로 다가옵니다. 많이 알고 있는 구리, 알루미늄 등이 바로 이 비철금속 원자재에 해당합니다. 이중 '구리'를 대표적 예로 들 수 있겠는데요. 구리는 건설이나 전통제조업에 가장 많이 사용되는 금속이기에 금융시장에서는 'Dr. Copper'로 자주 표현됩니다. 구리는 또한 글로벌 경기 선행지수로 활용되기도 하죠. 최근 들어 알루미늄 역시 그 사용처가 증가하면서 중요한 비철금속 중 하나로 평가되고 있습니다. 구리를 비롯한 비철금속은 대부분 건설 및 인프라 투자와 연관성이 높습니다. 또한 건설이나 인프라 투자는 각 정부가 사용하는 대표적인 경기 부양책의 수단입니다. 그렇기에 구리와 같은 비철금속은 투자 시 경기 부양 수준을 측정하는 정도로 활용될 수 있습니다.

구리의 최대 생산과 최대 소비국은 다름 아닌 중국입니다. 그래서 구

● 위안화 환율과 비철금속의 추세 비교

2018년
- 3월: 미국, 무역확장법 232조 근거 철강과 알루미늄 제품에 각각 25%, 10% 관세
- 6월: 미국, 500억 달러 규모 중국산 제품에 25% 관세 부과
- 7월과 8월에는 각각 340억 달러, 160억 달러 규모 중국산 제품에 추가 관세
  (중국은 340억 달러 규모 미국산 농산물, 자동차 등에 보복 관세 대응)

2019년
- 미국 2,000억 달러 규모 중국산 제품에 추가 관세
  (연말까지 관세율을 25%로 인상)
- 중국, 600억 달러 규모 미국산 제품에 보복 관세

출처: 블룸버그, NH투자증권 리서치본부

리의 경우 중국 주식, 특히 인프라 투자와 연관된 주식에 투자할 때 매우 훌륭한 보조지표로 활용됩니다. 구리, 알루미늄의 경우 속성상 철에 비해 친환경적인 요소를 많이 포함하고 있어 선진국의 친환경 정책에 따라 그 사용처가 더욱 증가하고 있는 상황입니다. 더불어 구리는 전력 산업과도 깊은 연관이 있어 계속해서 수요가 증가할 원자재로 평가됩니다. 그러니 주식투자자는 건설, 인프라 투자로 대변되는 경시 순환을 직접적

으로 잘 표현해주는 가격 지표로, 그리고 친환경 산업의 투자 정도를 가늠할 수 있는 가격 지표로 이 비철금속의 가격 동향을 활용할 수 있겠습니다.

② 비철금속의 가격 결정 구조

모든 원자재는 기본적으로 수요가 크게 변하지 않는다는 특징이 있어서 기본적인 가격은 대부분 공급량에 의해 결정됩니다. 비철금속의 경우 원유의 OPEC과 같은 대표적인 기구는 없으나 대표적인 구리 광산이 있는 칠레의 생산 동향은 중요한 가격 결정 요소입니다. 또한 원유와 달리 비철금속은 그 사용처가 점점 증가하고 있죠. 물론, 생산은 점점 더 어려워지고 있는 것도 사실입니다. 이러한 이유로 비철금속의 가격은 지속적인 우상향 추세가 있다는 점도 알아두면 좋을 것 같습니다.

③ 투자 자산으로서의 비철금속

투자 자산으로의 비철금속은 원유와 유사합니다. 직접적으로는 ETF를 통한 투자가 가능한데, 원유와 마찬가지로 장기 투자할 경우 보관 비용 등 제반 비용 증가로 실익이 그렇게 크지 않습니다. 상황이 그러하다면 비철금속 제련기업으로 눈을 돌려볼 수 있겠는데요. 예컨대 구리는 생산난이도가 점점 올라가는 추세고, 생산난이도가 올라간다는 것은 생산비용이 계속 증가한다는 뜻입니다. 대표적인 비철금속 제련기업들은 광산을 소유하고 있기에 회사의 이익 구조가 빠르게 좋아지지는 않습니다. 구리 가격과 구리 광산 및 제련기업 간의 주가 동조화가 원유만큼 높지 않다는 것이죠. 그래서 구리의 경우, 구리가 좋아질 것 같은 경제 환경(가령 중국의 고정 자산 투자를 중심으로 한 경제 활황)에서 상대적으로 짧은 기간의(6개월 이내) ETF 투자가 더 효과적입니다. 그리고 이를 주식 시장 환경 분석에 더 적극적으로 활용하는 것이 바람직합니다.

④ 금과 은

금은 역사적으로 가장 오래된 가치저장 및 교환의 수단입니다. 우리의 화폐가 금에서 출발했다고 해도 과언이 아닙니다. 금은 반짝거리기는 하지만 사실상 쓸 곳이 마땅치 않은 그런 광물입니다. 그러나 오랜 시간이 흘러도 그 속성이 변하지 않는다는 특징 때문에 가치의 저장 수단으로 오랫동안 사용되어 왔습니다. 우리가 말하는 '금리'는 곧 금의 이자율을 뜻합니다. 금이 인류에 얼마나 지대한 영향을 끼쳤는지는 금리라는 단어만으로도 충분히 설명된다고 볼 수 있겠습니다. 1970년대까지만 해도 결국 금이 통화의 절대적인 기준이었다고 앞서 얘기한 바 있는데요. 지금은 화폐의 절대적인 기준으로서의 기능은 사라졌지만, 여전히 화폐를 대신하는 가치저장 수단으로 작동합니다.

금은 가장 대표적인 안전자산입니다. 그러면 여기서 말하는 안전자산이란 무엇을 의미할까요? 어떤 사람은 손실 위험이 적은 자산이라고 표현하는데, 금도 잘못 사면 손실이 발생합니다. 손실 위험이 적은 자산을 '안전자산'이라고 표현하는 것에는 다소 무리가 따릅니다. 그보다는 '가치가 사라질 가능성이 낮은 자산'이 더 정확하겠지요. 금은 100년 후, 혹은 그 이상의 시간이 흘러도 가치를 완전히 상실하지는 않을 것입니다. 금처럼 안전이 보장된 자산에는 미국의 통화인 달러와 미국 정부가 발행하는 국채가 있습니다. 미국은 전 세계에서 경제적으로 가장 안전한 나라로 평가받습니다. 다른 나라의 정부가 발행하는 채권도 안전자산으로 분류할 수 있으나 이는 각 나라의 상황에 따라 안전의 정도가 달라질 수 있을 것입니다. 그러니 저는 어렵게 생각하지 않고 금과 달러, 그리고 미국채를 안전자산으로 구분하겠습니다.

금은 다른 안전자산(달러, 미국채 등)의 흐름에 영향을 받습니다. 비슷한 안전자산 중 더 매력적인 자산이 있으면 금의 상대적 가치는 떨어지게 됩니다. 반대로 다른 안전자산의 가치가 떨어지면 금의 가치는 올라가는데, 이것이 금의 가격을 결정하는 실질적인 구조입니다. 금은 안전자산이라고는 하지만 미래에 보장된 수익(쿠폰)이 없습니다. 그런데 같은 안전자산인 미 국채는 미래에 보장된 수익, 즉 이자가 있습니다. 그래서 이자율이 올라가면 금은 상대적으로 매력이 떨어집니다. 미 국채 금리가 올라가면 금의 가격이 하락하는 이유입니다. 미 국채 이자율이 올라가면 달러는 상승하게 되고, 달러가 상승하게 되면 금의 상대적 가치는 떨어지게 된다고 볼 수 있습니다.

만약 전쟁과 같은 위험 요인이 크게 부각되면 금과 달러, 미국채 등의 안전자산의 가치는 올라갈 것입니다. 그래서 안전자산은 어떨 때는 같은 궤적으로, 또 어떨 때는 서로 상반된 궤적으로 움직이곤 합니다. 금은 안전자산이면서 화폐를 대체하는 대표적인 가치저장 수단이기에 인플레이션 헤지(hedge) 수단으로도 이해될 수 있습니다. 인플레이션은 물가가 올라간다는 의미이면서 동시에 화폐가치가 떨어진다는 의미입니다. 화폐가치가 떨어질 때 가장 좋은 투자처는 화폐를 가지지 않고 가치를 저장하는 것입니다. 이럴 때 금은 가장 좋은 투자처가 되죠.

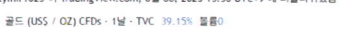
● 금과 달러의 추세 비교

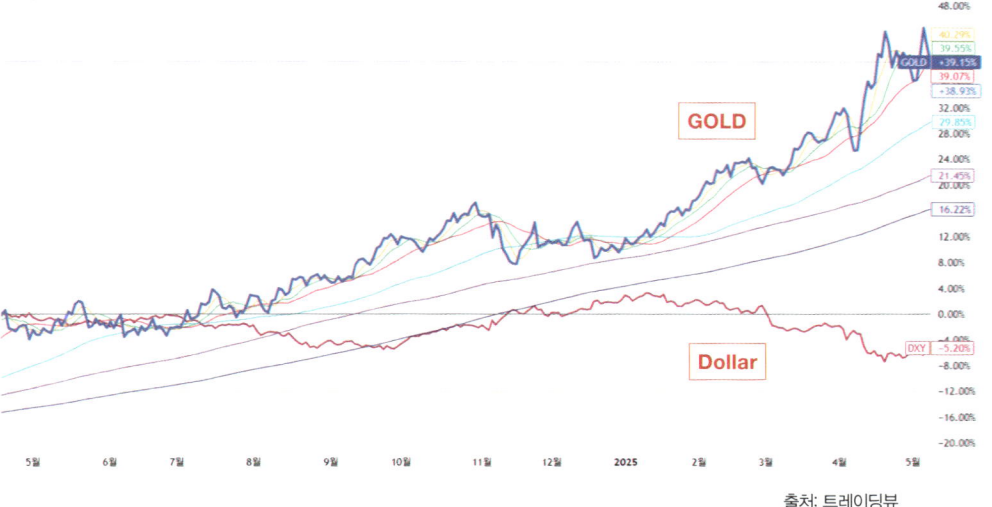

출처: 트레이딩뷰

이제 주식투자자 입장에서 금을 어떻게 활용할 것인지 살펴보겠습니다. 우선, 금이 지닌 안전자산으로서의 기능에 집중할 필요가 있는데요. 금의 가격이 급격한 상승세를 보일 때, 특히 미국채의 상승과 동반되는 상황일 때는 주의해야 하며, 이를 또한 역으로도 활용할 수 있습니다. 위험한 상황이 벌어졌다고 각종 매체에 대서특필되었는데 금의 흐름이 특별한 상승을 보이지 않는다면 매체의 보도와는 달리 금융시장에 큰 위험이 되지 않는다고 판단할 수 있습니다. 이렇게 금은 금융시장 전체의 위험 선호를 측정하는 훌륭한 지표가 되며, 장기적 인플레이션을 대비하는 훌륭한 투자처로도 기능합니다. 은은 비교적 흔하며 산업적 활용도가 큽니다. 그래서 금보다 훨씬 높은 가격 변동성을 가지고 있죠. 정확한 비교 대상은 아니지만 KOSPI와 KOSDAQ, S&P500과 러셀2000 지수의 차이 정도로 생각하면 될 것 같습니다.

⑤ 투자 자산으로서의 금

모든 원자재는 앞서 본 원유, 비철금속과 마찬가지로 ETF를 통해 투자할 수 있으나 장기적으로 가져갈 경우 보관 비용 등이 발생하기에 아주 좋은 방법은 아닙니다. 그래서 원자재는 가능한 한 실물로 가지고 있는 것이 가장 좋습니다. 원유나 구리 등은 우리 같은 개인이 실물로 가지고 있을 이유가 없습니다. 하지만 금은 조금 다릅니다. 실물로 가지고 있을 만한 가치가 충분하죠. 그래서 저는 재테크의 수단으로 일정 비율은 금을 가지고 있어야 한다고 생각합니다. 가장 이상적인 형태인 '금괴'로 말

> **러셀 2000 지수란?**
>
> 1984년 미국의 투자회사인 '러셀 인베스트먼트'에서 만들어낸 주가지수로, 미국 주식 시장에 상장된 기업 중 시가총액 1,001위부터 3,000위까지 2,000개 기업의 주가지수다. 상위 1,000개 기업 바로 다음에 있는 대표적인 소형 주식 지수로, 미국 내수형 기업들이 주로 들어가 있어 미국 실물경제의 건전성과 중단기 전망을 가늠하는 데 유용하다.

입니다. 영화에서 금고나 창고에 금괴를 쌓아둔 부자들을 종종 볼 수 있는데요. 제법 일리가 있어 보입니다. 영화 속 부자들처럼 엄청난 양의 금괴를 가지고 있을 수는 없지만, 한두 덩이 정도 가지고 있으면 재테크의 구성에 매우 이롭게 작용할 것입니다.

크립토 자산

저는 가상화폐에 투자해 본 일이 없기에 크립토에 관해서는 어쩌면 저보다 여러분들이 더 많이 알고 있을 수도 있습니다. 저는 다만, 우리가 크립토의 가격 흐름을 통해 주식투자에 어떤 도움을 받을 수 있는지 짚어보고자 합니다. 여기서는 가상화폐 중 가장 대표적인 자산인 비트코인을 예로 들겠습니다. 비트코인으로 대변되는 크립토는 양가적 성질을 띤 자산입니다. 가상화폐는 거래 인증의 본질적인 구조(블록체인)로 인해 '디지털 안전자산'으로 분류됩니다. 동시다발적으로 다수의 제삼자로부터 인증을 받는 구조이기 때문입니다. 그래서 안전자산의 대표격인 금처럼 '가치가 사라질 가능성이 가장 낮은 자산'으로 볼 수 있습니다. 하지만 가상화폐는 태동기의 특징으로 인해 가장 변동성이 큰 자산이기도 합니다. 즉, 거래자의 입장에서는 가장 위험한 자산 중 하나인 것이죠. 그래서 본질적으로는 가장 안전한 자산이지만, 거래에서는 가장 위험한 자산이라는 크립토의 '양가성'을 잘 이해해야 합니다.

지난 2023년 3월 10일, 미국 내 중견 은행으로 평가받던 실리콘밸리은행(SVB)이 파산했습니다. BIS 비율이 15%가 넘는 건전한 은행이었지만, 금리 인상과 맞물린 뱅크런 사태에 파산을 면할 수 없었던 것입니다. 비록 실리콘밸리은행이 거대 은행은 아니었지만, 은행의 파산은 언제나 금융 시스템에 큰 우려를 안기는 이벤트입니다. 당시 비트코인은 파산 시점을 기점으로 한 달 동안 약 50%의 상승률을 보였습니다. 이 상승률은 당연히 금보다 높았으며, 상승의 형태는 금과 매우 유사했죠. '안전자산'

 BIS 비율(자기자본비율)이란?

은행의 건전성을 확보하기 위해 국제결제은행이 설정한 지표다. 정확히 표현하면 은행의 자기자본을 대출이나 지급보증과 같은 은행의 위험자산(혹은 부실채권)으로 나눈 백분율을 말한다. BIS의 자기자본비율이라고 부른다.

이라는 성격 때문이었습니다. 앞으로도 금융 시스템에 문제가 생길 때면 이 크립토 자산이 디지털 안전자산으로서 그 기능을 할 것으로 예상됩니다.

반면 금융 시스템이 안정적일 때, 비트코인은 나스닥 지수와 매우 높은 상관관계를 가집니다(나스닥 지수는 미국을 대표하는 지수 중 가장 변동성이 높습니다). 나스닥과 높은 상관관계를 가지고 있다는 것은 '위험자산과 높은 상관관계를 가지고 있다'는 뜻이 될 것입니다. 전쟁이나 은행 파산과 같은 시스템의 문제가 없는 경우, 크립토가 위험자산이 될 수도 있다는 것입니다. 그래서 크립토는 주식투자자에게 평상시에는 금융시장 위험 선호도를 가장 직접적으로 알려주는 지표로 활용될 수 있습니다. 또한 위험자산에 대한 위험 회피 자산으로도 활용될 수 있죠. 금융시장의 동향을 추적할 때 크립토 자산을 보며 시스템 위험과 위험자산 선호심리를 동시에 추적할 수 있게 됩니다.

스테이블 코인

최근 '스테이블 코인'이 주목받고 있습니다. 이는 우리가 알고 있는 암호화폐, 가상화폐와는 조금 다른 개념입니다. 거래의 인증 방식은 동일한 '블록체인'이지만, 그 가치가 특정 통화에 페그(peg)된 디지털 자산이죠.

● 이더리움 블록체인의 이해

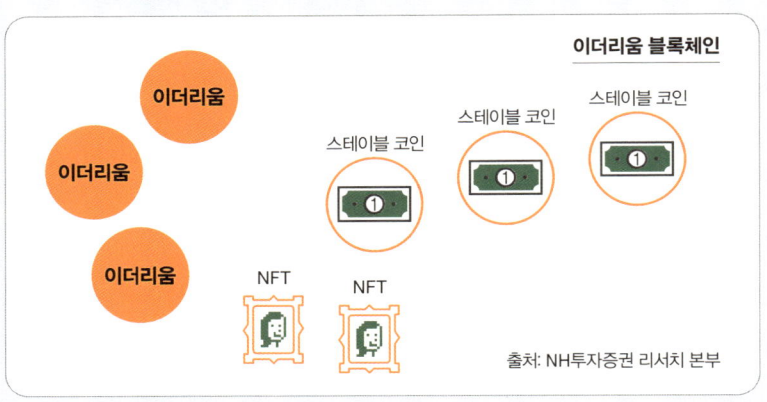

출처: NH투자증권 리서치 본부

달러 스테이블 코인이라 한다면 달러에 페그(peg)된 코인이라고 보면 되고, 달러를 블록체인 안에서 사용할 수 있게 형태를 바꾼 것이라 생각하면 됩니다. 최근 출범한 트럼프 정부가 CBDC(중앙은행이 원장을 관리하는 중앙은행의 디지털 화폐) 대신 스테이블 코인을 통해 달러를 디지털화하겠다고 발표하면서 주목받은 디지털 자산입니다. 관련 내용이 그리 간단하지는 않은데 여기서는 새롭게 부상하고 있는 '스테이블 코인'의 개념만 살펴보았습니다. 이 개념만 잘 알고 있어도 분명 투자에 많은 도움이 될 것입니다. 달러 스테이블 코인은 달러에 페그된 코인이기 때문에 이 코인을 산다는 것은 달러를 사는 것과 같습니다.

달러 스테이블 코인은 달러에 페그된 코인이기 때문에 이 코인을 산다는 것은 말 그대로 달러를 사는 것과 같다고 보면 됩니다. 우리는 해외 주식을 투자할 때 환전을 합니다. 그래서 자연스럽게 달러를 사게 되는 구조인데, 여기서의 달러 가치는 원화에 연동되는 가치입니다. 하지만 앞서 보았듯이 달러의 주된 가치는 달러 인덱스를 구성하는 교환가치가 가능한 통화에 대한 가치입니다. 그래서 스테이블 코인의 투자를 통해서 달러 인덱스에 보다 저렴한 비용으로 직접적으로 투자할 수 있게 됩니다. 앞으로 이 스테이블 코인을 이용해 아주 다양한 파생 투자 상품이 만들어질 수 있기에 개념 정도는 이해하고 있을 필요가 있습니다. 미국이 크립토의 대표인 비트코인을 국가 전략 자산으로 규정하는 등 최근 크립토는 준비자산으로서 그 지위가 상승하고 있습니다. 지금까지 미국의 국가 전략 준비자산으로 분류된 것은 금과 달러, 원유가 전부였습니다. 그런데 이제는 여기에 비트코인이 포함된 것입니다. 이는 앞서 언급한 크립토의 양가적 성격 중 '디지털 안전자산'이라는 성격이 강화된 현상이라 볼 수 있습니다.

크립토의 규모는 아직 준비자산으로 보기에는 부족한 수준입니다. 비트코인의 경우 개별 주식인 마이크로소프트, 엔비디아, 애플보다 시가총액이 적기 때문입니다. 그럼에도 비트코인은 글로벌 주요 정부의 준비자산으로 제도화되기 시작했습니다. 이는 대단한 '지위의 격상'으로 이해하고도 남습니다. 지위가 격상된다는 것은 앞으로 시가총액 규모가 더 커질 것임을 시사하기 때문이죠. 더불어 안전자산으로서의 성격도 점점 더 공고해진다고 볼 수 있습니다. 여전히 위험자산 선호심리의 바로미터 역할을 하고 있지만, 이제는 안전자산으로서의 투자 가치를 고려해야 할 시점입니다.

이젠 월급도 가상화폐로? 현실이 된 '코인의 일상화'

최근 가상화폐, 코인이 일상생활에서 실제 쓰이는 경우가 등장하고 있습니다. 코인으로 환전을 하고 물건도 사는 건데, 서울 곳곳에 코인 환전기까지 설치됐습니다. (……) 최근엔 국내에서 일하는 외국인 노동자가 가상화폐로 급여를 요구하는 경우도 늘었습니다.

〈JTBC〉 2025.5.21

주식투자와 핵심 경제지표

    지금까지 우리는 금융시장의 각종 가격 지표인 금리(채권), 환율, 원자재 등과 주식 시장 간의 관계를 간략히 알아보았습니다. 이제부터는 금융시장 가격 지표보다는 덜 중요하지만 이해하고 있으면 주식 시장 전반의 흐름을 이해하는 데 유용한 '경제지표'에 대해 살펴보겠습니다. 경제지표 역시 주식 시장에 상황별로 상이하게 작동합니다. 'Good is good' 혹은 'Bad is good'라는 말을 한 번쯤 들어보았을 겁니다. 어떨 때는 경제지표가 좋으면 주식 시장이 좋고, 또 어떨 때는 경제지표가 나빠야 주식 시장이 좋다는 의미입니다. 그만큼 경제 상황과 실제 금융시장은 복잡한 구조 속에서 상호 작용을 합니다. 그래서 경제지표에 대해 표면적인 것 이상의 이해도를 가지고 있으면, 주식투자는 훨씬 안전해집니다.

앞서 얘기한 것처럼 경제지표의 발표치에 대한 주식 시장의 반응은 상이하게 나타나는 경우가 많습니다. 이는 경제지표의 의미에 좀 더 집중해야 하는 까닭입니다. 의미에 집중하면 상이하게 반응하는 상황에 좀 더 수월하게 적용할 수 있을 것입니다. 경제지표는 기본적으로 주식투자에 큰 영향을 주지는 않습니다. 왜냐하면 우리가 확인하는 경제지표는 거의 대부분 '과거치'이기 때문입니다. 짧게는 최근 한 달, 길게는 최근 3개월(분기) 정도의 경제 상황이 후행적으로 통계화되어 발표되는 것입니다. 주식 시장은 항상 미래를 내다보고 있기에, 전체적으로는 경제지표가 주식투자에 직접적인 도움을 주기는 힘들다고 볼 수 있습니다. 그럼에도 경지지표의 상황을 잘 이해하고 있으면 주식 시장에 거시적으로 가장 많은 영향을 주는 요소가 무엇인지 판단할 수 있는 것은 사실입니다. 나아가 현상황에서 얼마나 적극적으로 주식투자를 해야 하는지, 어디에 초점을 맞춰 주식투자를 해야 하는지 대략적으로 가늠할 수 있게 되죠.

경우에 따라서는 주식 시장과 관련된 수많은 소음을 제거할 수도 있습니다. 그런즉 개략적으로라도 경제지표의 의미를 이해하고, 그 동향을 추적할 필요가 있다고 봅니다. 물론 '정의' 정도만 이해하면 되고, 직접 추적할 필요까지는 없습니다. 대신 증권회사나 리서치 전문회사의 '잘 정리된 해석자료'를 꾸준히 탐독하길 바랍니다(거래하는 증권사의 리서치 자료는 무료로 볼 수 있고, 어떤 증권사든 경제지표에 대한 정기적인 해석은 반드시 내놓습니다).

〰️ GDP(국내총생산)

어쩌면 가장 대표적인 경제지표라 할 수 있는 것이 바로 이 GDP입니다. 이코노미스트들이 결국 이 GDP를 잘 추정하기 위해 수많은 경제현상을 연구하고 있다고 해도 과언이 아닙니다. 증권사 리서치를 보면 이코노미스트들이 이 GDP를 어떻게 추정하느냐에 따라 각 산업담당 애널리스트들의 기업 실적 추정치가 바뀝니다. 그런즉 GDP는 모든 경제지표의 근간이 되는 매우 핵심적인 경제지표라고 볼 수 있습니다. 그러나 GDP는 전형적인 후행지표이기 때문에 주식투자에 주는 영향은 그리 크지 않습니다. 우리는 이 GDP를 직접적인 투자 판단의 근거로 삼지 말고, 전반적인 상황 인식을 위한 도구로 사용해야 합니다. GDP가 좋으니 주식 시장이 오를 거라는 기대를 품어서는 안 된다는 얘기입니다. 본격적으로 알아보겠습니다.

> GDP = 정부 지출 + 기업투자 + 개인 소비 + 순수출(수출-수입)

GDP는 보통 이 같은 공식으로 설명합니다. 정부, 가계, 기업들의 투자 활동이 종합되어 있는 경제지표인 것이죠. 주식 시장의 경우 주로 기업이라는 경제 주체의 상황을 반영하는 시장인데, GDP는 원체 후행적이기도 하고 주식 시장보다 더 큰 개념의 경제 상황을 보여준다는 점에서 주식투자에 덜 직접적일 수밖에 없습니다. 이제 주식투자자의 GDP

활용법에 대해 살펴보고자 하는데요. 주식 시장과 GDP는 긴 시간으로 놓고 보면 결국 유사하게 수렴하기에, 기본적으로 GDP의 방향이 어떻게 진행되고 있는지 그 추이를 이해하는 것이 중요합니다. GDP 성장률이 증가하고 있는지, 둔화하고 있는지 파악하는 것은 큰 틀에서 주식투자에 매우 중요합니다. 나아가 이 GDP 성장률의 흐름이 정부(정부 투자 중심)의 투자에 의한 것인지, 아니면 기업과 개인(민간 투자 중심)에 의한 것인지 파악할 필요가 있습니다. 정부 투자 중심에 따른 GDP의 성장이라면 주식 시장에 미치는 영향이 제한적입니다. 정부의 투자가 민간의 혜택으로 이어지는 물리적인 시간이 필요하기 때문이죠.

결국 GDP는 성장률이 증가하는지 혹은 감소하는지, 정부 중심인지 혹은 민간 중심인지 파악하는 것이 가장 중요합니다. 우리 같은 주식투자자들이 이를 세분화해서 연구할 필요는 없습니다. 단, 각 증권사에서 GDP가 발표될 때마다 상세하기 설명해 주고 있으니, 그 정도는 정기적으로 살펴보는 것이 바람직합니다.

GDPNow

결국 주식투자자는 앞으로 GDP가 어떻게 변할 것인지에 대해 고민해야 합니다. 미국에는 'GDPNow'라는 매우 유용한 것이 있는데요. 이

● **2025년 1분기 GDPNow 발표치**

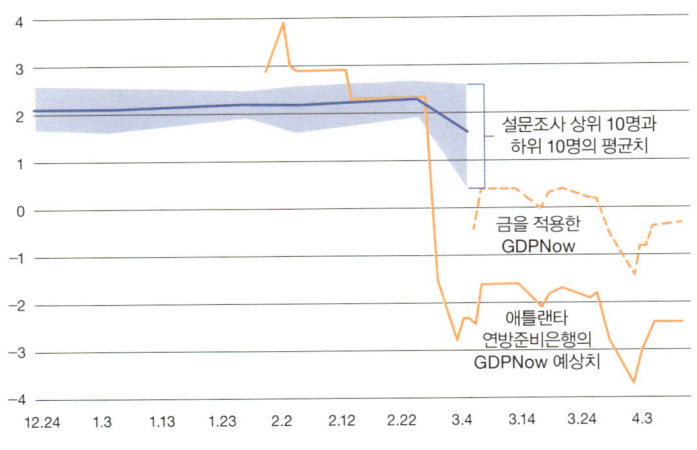

출처: 애틀랜타 연방준비은행

는 미국 애틀랜타 연방준비은행에서 정기적으로 발표하는 GDP 예측치이며, 각종 경제지표가 발표될 때마다 이 GDPNow는 수정되어 발표됩니다.

매일매일 확인해야 하는 건 아니지만 중요한 경제지표가 발표되었고 그에 따라 금융시장이 요동친다면 이 GDPNow를 확인하는 것이 좋습니다. 시장을 이해하는 좋은 방법이 되어줄 겁니다. GDPNow는 우리나라 검색창에서도 쉽게 검색하고 확인할 수 있으니 참고하길 바랍니다.

수출입

우리나라는 수출이 핵심인 나라이기에, 수출입 통계만큼 국내 주식 투자에 중요한 경제지표는 없다고 볼 수 있겠습니다. 특히 수출입의 경우 약간의 '동행성'을 가지고 있습니다. 예컨대 5월 수출량 증가가 발표되었다면, 그 산업에 해당하는 주요 기업들의 2분기 실적은 '좋을 수 있다'는 것을 의미합니다.

● **2025년 2월 수출입 실적 발표치**

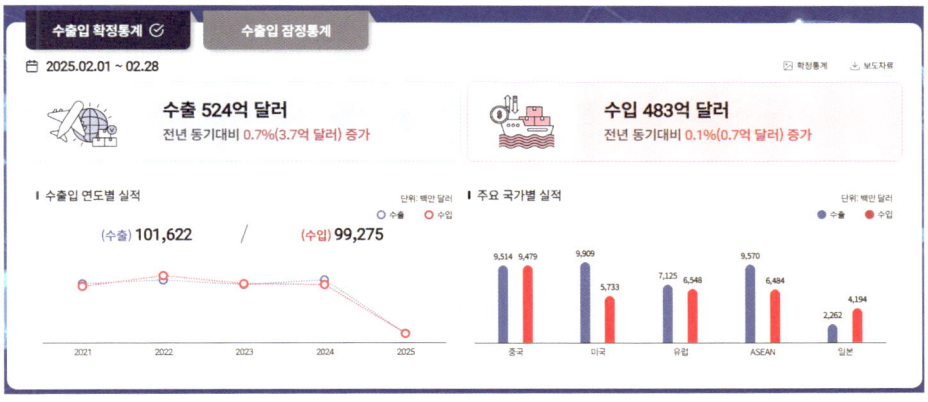

출처: 관세청

수출입 통계는 관세청을 통해 발표됩니다. 매월 20일경 잠정 수출입 실적이 발표되고, 월이 끝나면 전체 수출 실적이 집계되어 발표됩니다. 전체 수출입 통계는 물론이고 성질별, 국가별 수출입 등이 세분화되어 나타납니다. 이를 자세하게 볼 수 있으면 투자에 도움이 되겠으나 리서치 센터의 이코노미스트도 아닌데 굳이 관세청까지 찾아가 수출입 동향 자료를 찾아볼 필요는 없습니다. 대신 거래하는 증권회사의 이코노미스트가 정리해준 수출입 동향 자체는 한 번씩 탐독하는 것이 좋습니다. 수출의 동향, 지역, 품목 등을 파악하면 주식투자에 직간접적인 도움을 받을 수 있습니다.

수출입 통계에는 상당량의 데이터가 제공되기 때문에 무엇에 주목해야 할지 혼란스럽습니다. 특히 월별 수출입 증가율의 경우 월별 영업일이 다르기 때문에 보정이 필요합니다. 그러니 간단한 동향 파악을 위해서는 일평균 수출액을 지표로 삼으면 됩니다. 일평균 수출액의 증감 상황을 통해 전체적인 수출 동향을 파악하는 것이죠. 수출입 통계를 볼 때 또 하나 유의할 것이 있는데요. '선박이 제외된 통계'를 봐야 한다는 것입니다. 알다시피 선박의 경우 그 금액이 매우 큽니다. 그래서 선박 수출 대금 상황에 따라 수출입 금액이 크게 요동치곤 합니다. 게다가 조선의 경우 주가는 실적보다 수주에 기반해 움직입니다(주가의 선행성 때문입니다). 수출입 통계에서 선박을 제외해야 하는 까닭이죠. 예를 들어 선박의 수출이 잘 되면서 수출입이 좋게 발표되었다면, 이때 '주식 시장에 그리 긍정적인 영향을 미치지 않을 것'이라고 생각할 수 있는 것입니다.

수출입 통계 역시 증권회사의 이코노미스트가 친절하게 분류해 주니 큰 부담을 갖지 않아도 됩니다. 일평균 수출액, 선박 제외 수출입 등이 잘 분류되어 설명되어 있으며 이러한 자료들을 정기적으로 읽게 되면 제가 얘기한 것 이상의 지식을 얻을 수 있을 것입니다. 우리나라의 경우 수출의 상황은 곧 수출 기업의 매출과 이익 상황이기에 투자의 좋은 지표로 활용할 수 있습니다.

PMI, ISM 지수

주식투자에 있어 가장 중요한 경제지표를 꼽으라고 한다면 저는 '구매자 관리지수'를 택할 것입니다. 구매자 관리지수는 각 기업의 구매담당자에게 설문조사를 한 결과를 가지고 경제 상황을 판단하는 지표입니다. 세계적으로는 PMI 지수가 있고, 미국 국한의 ISM 지수도 여기에 해당합니다. 매달 각 기업의 구매담당자에게 신규 주문, 생산, 고용, 재고, 고객 재고 가격 등 요소별로 증감의 향방을 묻는 간단한 경제지표라고 이해하면 됩니다. 기업의 구매담당자는 기업의 살림꾼이나 다름없습니다. 각 기업의 현재 상황을 가장 잘 이해하는 사람들이라고도 볼 수 있죠. 그들은 대개 보수적인 성향을 갖고 있으며, 기업의 살림을 책임지는 사람들이기에 함부로 답하지 않습니다. 그런즉, 경제지표로서 꼭 지녀야 하는 '안정성'이 어느 정도는 보장되어 있다고 볼 수 있습니다.

PMI, ISM 지수의 구성 방식에 대해 잠시 살펴보겠습니다. 시각을 쉽사리 바꾸지 않는 구매담당자들의 기본적인 성향을 고려해 'PMI, ISM 지수가 변하지 않을 것'이라고 응답한 사람의 비율은 50%만 반영하고, '변할 것'이라고 응답한 사람의 의견은 100%로 반영합니다. 그렇게 전체적으로 종합한 지수를 숫자로 표현하는 것이 바로 PMI, ISM 지수입니다. 가령 100명의 구매담당자에게 물었을 때 50명은 변하지 않는다고 응답, 50명은 좋아질 것이라고 응답했다면 이때 PMI, ISM 지수는 변하지 않는다고 응답한 50명의 50%인 25, 좋아진다고 응답한 50명을 합한 75가 됩니다. 변하지 않을 것이라고 응답한 사람들은 50%만 반영하는 지수 구성 방식으로 인해 일반적으로 이 지수가 50 이하면 경기 침체, 50 이상이면 경기 확장의 상황으로 평가합니다(모든 사람이 변하지 않는다고 대답하면 바로 50이 되기에).

PMI, ISM 지수는 크게는 제조업 지수와 서비스업 지수로 구분됩니다. 제조업 지수에는 신규 주문, 생산, 고용, 공급자 배송, 재고, 고객 재고, 가격, 주문 지연, 신규 수출, 수입 등의 세부 항목이 있습니다. 항목별로 결과치가 발표되고, 각 항목을 가중 평균하여 전체 제조업 지수가 발표되며, 세부 항목에는 신규 주문지수가 가장 높은 비중을 차지한다고 알려져 있습니다. 대부분의 경제지표는 후행적인 성격을 띠기에 정작 주식투자에 큰 도움을 주지 못한다고 앞서 얘기했는데요. 그러나 수많은 경제지표 중 이 PMI, ISM 지수는 '동행성'을 가지고 있으며 '약간의 선행성'도 가지고 있습니다. 선행성을 가지는 이유는 세부 항목 중 신규 주문의 비중이 높기 때문이죠. 신규 주문이 늘어난다는 사실만으로도 기업의 실적이 좋아질 것을 예측할 수 있습니다.

● 2025년 3월 ISM 제조업 지수

MANUFACTURING AT A GLANCE
March 2025

Index	Series Index Mar	Series Index Feb	Percentage Point Change	Direction	Rate of Change	Trend* (Months)
Manufacturing PMI®	49.0	50.3	-1.3	Contracting	From Growing	1
New Orders	45.2	48.6	-3.4	Contracting	Faster	2
Production	48.3	50.7	-2.4	Contracting	From Growing	1
Employment	44.7	47.6	-2.9	Contracting	Faster	2
Supplier Deliveries	53.5	54.5	-1.0	Slowing	Slower	4
Inventories	53.4	49.9	+3.5	Growing	From Contracting	1
Customers' Inventories	46.8	45.3	+1.5	Too Low	Slower	6
Prices	69.4	62.4	+7.0	Increasing	Faster	6
Backlog of Orders	44.5	46.8	-2.3	Contracting	Faster	30
New Export Orders	49.6	51.4	-1.8	Contracting	From Growing	1
Imports	50.1	52.6	-2.5	Growing	Slower	3
OVERALL ECONOMY				Growing	Slower	59
Manufacturing Sector				Contracting	From Growing	1

Manufacturing ISM® *Report On Business*® data is seasonally adjusted for the New Orders, Production, Employment and Inventories indexes.
*Number of months moving in current direction.

출처: 미국 공급관리자협회(Institute for Supply Management)

표에서 알 수 있듯 세부 항목은 주문, 생산, 재고, 배송 등 기업의 경영활동 전반을 포괄합니다. 우리가 중요하게 여기는 모든 경제활동 상황이 모두 나타나 있는 것입니다. PMI, ISM 지수는 기업 활동의 모든 내용을 포괄하고, 주가의 기본적인 속성과 맞아떨어지는 선행성까지 가지고 있는 지표이기 때문에 주식투자에 있어 그 어떤 경제지표보다 중요하다고 볼 수 있습니다. 앞서 PMI, ISM 지수가 50을 기준선으로 경기 활황과 불황을 구분한다고 얘기했는데요. 사실 이 구분은 주식투자에 그리 적절한 방법은 아닙니다. 거듭 강조하지만, 주식은 '선행성'이라는 특징이 매우 강합니다. 단순히 '50 이상이냐, 50 이하냐'의 관점보다는 '추세'가 더 중요한 까닭이죠.

PMI, ISM 지수가 56에서 53으로 떨어지면 경기 확장이지만 주식 시장에는 안 좋을 수 있습니다. 반면 46에서 49로 상승한다면 이는 오히려 주식 시장에 좋게 작동할 가능성이 더 큽니다. 전자는 '지금 좋긴 하지만 안 좋아지기 시작했다'라는 의미가 될 수 있고, 후자는 '아직 불황이긴 하지만 좋아질 수 있다'라고 해석되기 때문입니다. 우리나라에도 PMI가 발표되지만 우리나라는 수출국이기 때문에 PMI보다는 주요 수출국의 PMI, ISM 동향이 더욱 중요합니다. 2000년대까지는 미국 ISM 제조업 지수의 동향과 국내 KOSPI 사이에 70%가 넘는 상관관계를 가졌습니다. 2000년대 중반 이후 중국과의 교역량이 급증하면서 2010년대 후반까지 또 중국의 PMI와 KOSPI의 상관관계가 높아졌습니다. 최근에는 다시 미국과의 교역 비중이 높아지면서 미국의 ISM 지수가 중요해지고 있습니다.

이렇듯 PMI, ISM 지수는 주식투자에서 가장 중요한 경제지표라 할 수 있습니다. 매달 1일 제조업 지수가 발표되면, 이틀 뒤에 서비스업 지수가 발표됩니다. PMI 지수의 경우 20일 전후로 잠정치가 발표되기도 합니다. 어쨌든 우리에게는 미국의 경제 상황이 중요하기 때문에 ISM 지수가 상대적으로 더 중요하다고 볼 수 있습니다. 또한 우리나라는 제조업 수출국이기에 서비스업 지수보다는 제조업 지수가 상대적으로 그 중요도가 더 높습니다. 매월 초가 되면 관련 기사나 증권사의 분석 보고서가 정말 많이 나옵니다. 3페이지를 넘지 않는 보고서가 대부분이니 탐독을 권합니다.

고용 관련 경제지표: 고용보고서, 주간 실업수당 청구 건수

    금리는 주식투자자가 반드시 이해해야 하는 금융시장의 가격지표입니다. 중앙은행의 기준금리 결정에 따라 금리가 움직이는데, 이 중앙은행은 물가안정과 완전고용이라는 두 가지 책무를 달성하기 위한 곳입니다. 고용 관련 경제지표와 물가 관련 경제지표는 기준금리 결정에 가장 중요한 경제지표라는 점에서 '주식투자에도 중요한 경제지표'라 할 수 있을 것입니다. 우선 고용 관련 경제지표를 살펴보도록 할 텐데요. 우리나라에는 '실업률'이 대표적이지만 미국의 경우 실업률이 포함되는 고용보고서, Jolt's Job opening, ADP 민간고용, 주간 실업수당 청구 건수 등 굉장히 다양한 관련 지표가 있습니다. 모두 중요한 지표인데, 이 중 가장 중요한 고용보고서와 주간 실업수당 청구 건수를 살펴보겠습니다.

① 고용보고서

매월 첫째 주 금요일에 발표되는 미국 고용시장 종합 보고서입니다. 이 보고서에는 실업률, 비농업 부문 신규취업자 수(nonfarm payroll), 시간당 평균임금, 노동시장 참여율 등이 발표됩니다. 이 가운데 일반적으로 가장 중요하게 다뤄지는 것이 바로 비농업 부문 신규취업자입니다. 실업률의 경우 그 단위가 소수점이기 때문에 변화를 감지하기가 어렵습니다. 반면 이 비농업 부문 신규 취업자 수는 숫자 자체로 발표되기 때문에 그 변화를 인지하기가 매우 쉽습니다. 이는 비농업 부문 신규취업자 수를 가장 중요한 항목으로 여기는 까닭이기도 합니다. 물론, 시간당 평균임금과 노동시장 참여율을 같이 참조하면 이해가 더 빠를 테지만 우리가 그렇게까지 할 필요는 없고, 대략적인 숫자만 이해한 상태에서 이코노미스트들이 정리한 자료를 꼼꼼히 살펴보면 됩니다.

비농업 부문 신규취업자 수는 말 그대로 지난 한 달간 농업이 아닌 부문에서의 새로운 취업자 수를 말합니다. 이 수치가 높게 나온다면 고용시장이 그만큼 좋다고 해석할 수 있습니다. 다만 이 수치는 시간을 두고 계속해서 조정되는 경향이 있습니다(심지어 1년에 한 번씩, 1년치 전체가 조정되는 경우도 있습니다. 그렇기에 우리가 미 노동통계청을 찾아가 직접 데이터를 확인할 필요는 없습니다. 지난 발표치를 가지고 있는 이코노미스트의 의견을 듣는 것이 훨씬 더 효율적이라는 얘기죠. 이 고용보고서는 발표되자마자 즉각적으로 증시에 작동하는 경우가 많습니다. 특히 금리의 흐름이 중요한 시점에는 그런 경향이 더욱 짙습니다. 물론, 작동방식이 일률적이지는 않으며, 금리가 주가에 미치는 영향에 따라 완전히 반대로 움직이는 경우도 있습니다).

경기의 부진이 걱정되는 상황이라고 가정해 보겠습니다. 그런데 중앙은행의 금리 인하 여력은 크지 않은 상황입니다. 이럴 때는 경제 상황이 생각보다 나쁘지 않을 때 증시는 좋게 반응할 것입니다. 이런 경우라면 고용보고서, 특히 비농업부문 신규취업자 수가 크게 증가할 때 주식 시장이 좋아집니다. 이번에는 경기가 좋아서 중앙은행이 금리를 올리는 상황이라고 가정해 보겠습니다. 주식 시장은 근본적으로 중앙은행이 강하게 금리를 인상하는 것을 좋아하지 않습니다. 그래서 고용보고서가 긍정적으로 나올 때, 하락 반응을 보이게 되지요. 고용보고서가 뜨겁게 나온다는 것은 그만큼 고용시장이 좋다는 뜻이고, 그렇다면 중앙은행의 금리 인상은 더 강해질 수 있기 때문입니다.

이렇듯 고용보고서가 똑같이 좋게 나와도 주식 시장의 반응은 완전히 다를 수 있습니다. 그렇기에 주식투자자는 이 고용보고서에 대해 교과서적인 대응보다는 지혜로운 구분을 할 줄 알아야 합니다. 경기가 강한 것이 주식 시장에 좋은지 혹은 그 반대인지, 금리가 주가에 중요하게 작동하는지 등을 넓은 시각으로 바라보아야 한다는 것입니다. 더불어 각각의 상황에 맞게 고용보고서의 반응을 기대하는 것이 중요합니다. 현재 주식 시장이 어떤 경제 상황을 원하는지 읽어 내는 것이야말로 주식투자자의 진정한 능력이라고 볼 수 있겠습니다.

② 주간 실업수당 청구 건수

고용시장의 상황을 살피는 가장 중요한 지표가 고용보고서인 건 맞지만 한 달에 한 번씩 발표된다는 한계가 있습니다. 이러한 고용보고서 이전에 주간 단위로 발표되어 고용시장의 상황을 가늠하게 하는 지표가 있으니, 이것이 바로 주간 실업수당 청구 건수입니다. 주간 실업수당 청구 건수는 매주 목요일 발표되는 지표로서 한 주간 실업수당을 청구한 사람의 수를 보여줍니다. 실업수당을 청구한다는 것은 '해고되었다'는 의미이기에 이 수치가 높으면 고용시장이 냉각되고 있는 것으로 해석할 수 있습니다. 반대로 낮게 나오면 고용시장이 뜨거운 것으로 해석할 수 있고요. 모든 경제지표는 사실 추이를 살피는 것이 가장 중요합니다. 그런데 주간 실업수당 청구 건수는 매주 발표되는 것이기에 추이를 관찰하기가 어렵습니다. 그래서 주간 실업수당 4주 평균을 주로 보게 됩니다. 4주 평균도 매주 함께 발표되기 때문에 동시에 참고하면 좋습니다.

한 이코노미스트는 "단 하나의 경제지표만 볼 수 있는 권한이 있다면 나는 주간 실업수당 청구 건수를 택할 것이다"라고 말했습니다. 그만큼 주간 실업수당 청구 건수는 즉각적이고 중요한 경제지표입니다. 주식투자자의 입장이라면 통계치를 가져갈 필요까진 없고, 매주 기사나 분석자료만 읽어도 충분합니다. 고용 관련 경제지표는 중앙은행의 금리 결정을 예상하는 데 직접적인 도움을 주며, 중앙은행의 금리 정책을 이해하고 있다면 시중 금리 동향을 더 면밀하게 살필 수 있죠. 금리 동향의 이해는 '주식 시장이 원하는 경제 상황'을 가늠하게 합니다.

물가 관련 경제지표 : CPI, PCE

고용 관련 지표와 동일한 관점으로 물가 관련 경제지표를 살펴보도록 하겠습니다. 관점을 동일하게 가져가는 이유는 중앙은행의 중요 책무가 '완전고용'과 '물가안전'이기 때문입니다. 물가 관련 경제지표를 잘 파악하면 중앙은행의 금리 정책을 예상할 수 있고, 이는 시중 금리와 주식 시장의 흐름을 읽는 데 큰 도움이 됩니다. 물가 관련 경제지표는 고용 관련 경제지표와 마찬가지로 기업들의 이익 상황을 알려주는 경제지표가 아닙니다. 그보다는 경제 상황 전체, 금융시장 전체를 이해하는 데 필요한 경제지표인 것이죠. 더불어 금융시장 전체의 상황을 잘 이해할수록 주식 투자는 수월해지기에 우리에게 꼭 필요한 경제지표라고 볼 수 있습니다.

대표적인 물가지표로는 CPI와 PPI가 있고, 미국에서는 PCE를 더 중점적으로 보고 있습니다. 사견이지만 이 중 PPI(생산자 물가지수)의 경우 물가지표로만 이해해서는 안 됩니다. 물가지수임에도 불구하고 물가지표로서의 역할보다는 경제활동을 이해하는 보조지표로 여기는 편이 낫습니다. 물가의 상황을 이야기하는 것은 아무래도 간접적이며, 그보다는 해당 기업들이 생산자 물가지수를 자신들의 제품의 평균가로 이해할 수 있기 때문입니다. 즉, PPI가 올라간다는 것은 기업들의 제품 평균 가격이 상승한다는 의미가 됩니다. 이는 경제 상황이 좋을 때 보편적으로 나타나는 현상입니다. 그래서 저는 PPI를 경제 상황을 간접적으로 알려주는 경제지표로 이해하고 있습니다. 물론 저와는 다른 의견을 가진 분들도 많을 겁니다. 단, 실제로 오랫동안 투자를 해 보니 물가지표로 활용할 때보다 경제활동을 이해하는 지표로 활용할 때 좀 더 도움이 되었다는 얘기인 거죠. 이제 본격적으로 CPI와 PCE를 살펴보겠습니다.

① CPI

CPI는 소비자 물가지수(Consumer Price Index)입니다. 최종 소비재의 물가를 종합해 보여주는 경제지표라고 생각하면 되겠습니다. CPI는 종합 물가지표인 CPI가 있고, 여기에서 음식료와 휘발유를 제외한 Core CPI가 있습니다. 음식료와 휘발유의 경우 가격 등락이 상대적으로 크고 계절성이 존재하기 때문에 물가 상황을 측정할 때 우리는 주로 Core CPI를 고려합니다. CPI는 월간 변화율(mom)과 연간 변화율(yoy)이 동시에 발표되는데, 월간 변화율은 단기적인 변화를 직관적으로 파악하는 데 용이하지만, 결국 물가의 추이는 연간 변화율을 통해 관찰하게 됩니다.

② PCE

PCE는 개인 소비 지출(Personal Consumption Expenditure)입니다. 전체적으로 CPI의 단점을 보완한 물가지수로 볼 수 있습니다. CPI가 소비자에게 초점이 맞추어진 지표라면, PCE는 소비자보다는 개인에 초점이 맞추어진 개념입니다. CPI는 소비자가 병원에서 지출한 돈의 변동만을 보지만, PCE는 정부나 회사가 의료보험으로 지출한 돈까지도 포함합니다. 또한 CPI는 가격이 바뀌어도 소비자의 지출 항목은 바뀌지 않는다고 가정하지만, PCE는 가격 변화에 따라 지출 항목도 변화한다는 가정을 가지고 정기적으로 가중치를 조절합니다. 이러한 이유 등으로 PCE는 CPI의 단점을 보완한 '발전된 경제지표'라고 볼 수 있는 것이죠.

PCE도 CPI와 마찬가지로 PCE와 Core PCE로 구분하여 발표됩니다. CPI와 PCE에는 구성항목에서도 약간의 비중 차이가 있는데 주거비의 비중이 CPI가 상대적으로 더 높게 구성되어 있습니다. 미국의 금리를 결정하는 FOMC의 경우 주거비를 제외한 Core PCE를 물가 측정의 가장 중요한 지표로 여긴다고 알려져 있습니다. 이렇게 보면 CPI보다 PCE가 훨씬 중요한 것처럼 보이지만 정작 금융시장은 CPI에 더 민감합니다. 이유는 너무나 단순한데 CPI가 PCE보다 일찍 발표되기 때문입니다. 구성 항목, 선정 방법의 차이가 존재하긴 하지만 결국 똑같은 물가지수입니다. 그리고 시장은 이 물가지수의 특이 항목의 변화가 아닌 추이를 알고 싶어 하죠. 통화정책을 결정하기 위해 세밀한 판단을 해야 하는 연준의 입장에서는 PCE가 더 중요하겠지만, 시장은 그런 세밀한 내용보다는 큰 틀에서의 추이가 더 중요하기 때문에 CPI에 더 민감하게 반응한다고 볼 수 있겠습니다.

    CPI, PCE 등 물가 관련 지표에 대해 간략히 살펴보았습니다. 고용 관련 경제지표와 마찬가지로 물가지표는 중앙은행의 금리 결정에 결정적인 역할을 하기에 금리가 주식 시장에 중요한 시점이 되면 그 어떤 경제지표보다 주식 시장에 많은 영향을 줍니다. 2010년대에 회사 직원들을 상대로 강의를 한 적이 있습니다. 2010년대는 소위 저물가, 저금리 골디락스의 시대였기에 CPI와 PCE를 강의할 때 수강생 대부분이 꿈나라에 갔던 기억이 있습니다. 그랬던 CPI, PCE가 2020년대 들어선 이후부터 가장 뜨거운 주제로 급부상했죠. 결국, 경제지표라는 것은 늘 똑같은 무게를 가지는 것이 아니라 경제 상황에 따라 그 무게가 달라집니다. 그래서 우리 같은 투자자들은 각종 금융시장의 동향, 경제지표를 통해 경제 상황을 해석해야 합니다. 투자자의 자질은 '어떤 것이 중요한 상황인지 파악하는 능력에서 판가름이 난다고도 볼 수 있습니다.

〰️ 개인 소득(Personal Spending), 개인 지출(Personal Expenditure)

PCE와 함께 발표되는 중요한 경제지표가 있는데요. 바로 '개인 소득'과 '개인 지출'입니다. 미국 전체 경제의 70% 정도를 '소비'가 차지하기 때문에 개인 소득과 개인 지출은 중요한 경제지표일 수밖에 없습니다. 개인 소득이 높다는 것은 간접적으로 고용시장이 좋다는 의미가 됩니다. 개인 지출이 좋다는 것은 가계의 소비 활동이 활발하다는 의미이며, 이는 또한 기업의 실적 향상을 시사하기도 합니다. 해석 자체는 매우 직관적입니다. 개인 소득이 늘고 개인 지출이 높을 때 가계의 경제활동이 활발해지는 것은 자연스러운 현상이니까요. 다만 주식 시장에 직접적으로 영향을 주는 경제지표라기보다는 채권시장에 우선적으로 영향을 주고, 그 채권시장의 변화가 주식 시장에 영향을 주게 되는 형태이기에 '직접적인' 경제지표라고 볼 수는 없겠습니다. 그런즉 개인 소득과 개인 지출은 매우 중요한 경제지표임에도 불구하고 주식 시장에서는 그 중요도가 조금은 평가 절하되는 것 같습니다. PCE가 발표될 때 관련 자료에 항상 포함되니, 그 정도 선에서 전체적인 동향만 파악하면 됩니다.

소매 판매(Retail Sales)

소매 판매는 매달 백화점, 자동차 대리점, 잡화점 등 소매업체의 판매 현황을 보여주는 경제지표입니다. 가계 부문의 경제활동은 경제 전체에 가장 높은 비중을 차지하기에 현재의 경제 상황을 직관적으로 잘 설명하는 지표라 할 수 있습니다. 소매 판매의 경우 전체 소매 판매, 변동성이 큰 자동차 제외 소매 판매, 이렇게 두 종류로 발표됩니다. 소매 판매는 사실 업태별 종합 조사치이기 때문에, 어떤 제품의 소매 판매가 좋은지 자세하게 알려주지는 않습니다. 다만 자동차를 제외한 소매 판매를 따로 발표함에 따라 자동차에 한해서는 주식 시장에 영향을 주는 경향이 많습니다. 이는 우리나라 주식 시장도 마찬가지입니다. 소매 판매에서 자동차 판매가 높게 나올 경우, 우리나라 자동차 주의 주가 상승이 나타나는 경우가 많습니다.

CB의 소비자 신뢰지수와 미시간대 소비자 심리지수

경제지표는 하드 데이터와 소프트 데이터로 구분하기도 합니다. 하드 데이터와 소프트 데이터의 구분은 경제활동을 실측한 데이터와 설문 조사에 기반합니다. 경제활동을 실측하여 통계를 낸 경제지표는 하드 데이터, 설문 조사를 통해 대략적인 경제활동 상황을 가늠하는 경제지표를 소프트 데이터라고 부릅니다. 실물지표인 하드 데이터는 정확도는 높지만 실제로 조사해 통계를 내야 하는 물리적인 한계 때문에 '후행적'입니다. 반대로 설문 조사 지표인 소프트 데이터는 그 흐름을 정확하게 알 수 없다는 단점에도 불구하고 미래의 흐름을 반영한다는 측면에서 주식 시장에서는 더 높게 평가되는 경향이 있습니다. 미래의 예상을 물어볼 수 있기 때문이죠. 이런 소프트 데이터의 가장 대표적인 것으로 앞서 공부한 ISM 지수가 있고, 소비자 활동 동향을 측정하는 CB의 소비자 신뢰지수, 미시건대 심리지수가 있습니다.

두 지수 모두 소비자 설문 조사 지수이기 때문에 소비자의 경제활동을 정확하게 표현해주지는 못합니다. 다만 소비자의 경제활동 심리가 어떤 상황에 있는지 대략적으로나마 파악하게 해준다는 점에서 주식 시장에 중요한 경제지표라고 볼 수 있습니다. CB의 소비자 신뢰지수나 미시건대 소비자 심리지수 모두 소비자의 경제활동을 설명하는 경제지표이므로 결국 노동시장의 동향을 잘 반영합니다. 이 두 지수가 좋다는 것은 결국 노동시장이 견조한 것으로 해석될 수 있고, 그래서 채권시장에 영향을 주어 주식 시장에까지 영향을 미치게 됩니다. CB의 소비자 신뢰지수와 미시건대 소비자 심리지수 중 노동시장과의 상관관계는 CB의 소비자 신뢰지수가 더 높은 것으로 알려져 있습니다. 이는 설문 조사 질문의 차이 때문입니다.

한편 미시건대 소비자 심리지수는 1년(단기) 기대인플레이션과 장기(5년) 기대인플레이션을 함께 발표합니다. 중앙은행의 목표는 정확하게 측정할 수 없는 기대인플레이션을 안정적으로 유지하기 위한 통화정책을 시행하는 것입니다. 그래서 소비자들이 대략적으로 생각하는 미래 인플레이션은 비록 정확한 기대인플레이션이 될 수는 없으나 중요한 참고자료가 됩니다. 물가가 중요한 시기, 물가에 따른 중앙은행이 통화정책이 중요한 시기에 미시건대 소비자 심리지수는 매우 중요한 경제지표로 평가되기도 하죠.

기타 제조업 지수

제조업 지수는 주식 시장에 매우 중요합니다. 주식 시장은 기업의 경제활동을 가장 잘 반영하는 시장인데, 주식 시장에 상장된 기업들은 소비자에게 최종 제품과 서비스를 전달하는 기업들도 많지만 중간재를 제조, 생산, 공급하는 기업들도 많습니다. 그래서 주식 시장에서는 이 제조업 지수의 동향이 가장 중요하다고 볼 수 있죠. 앞서 공부한 PMI, ISM 지수처럼 동행성과 선제성을 가진 지표들이 있고, 또 이를 확인하게 하는 제조업 하드 데이터인 경제지표들이 있습니다. 이것들에 대해서 간략하게 살펴보겠습니다.

① ISM 제조업 지수의 하부 지수

미국은 지역별 제조업 지수를 따로 발표합니다. 이는 매달 1일에 발표되는 ISM 제조업 지수 이전에 발표되기 때문에 ISM 제조업 지수의 향방을 예측하는 데 활용됩니다. 대표적으로 시카고 PMI, 뉴욕 엠파이어스테이트 제조업 지수, 필라델피아 연준 제조업 지수 등이 있습니다. 이 모두 ISM 지수나 PMI 지수와 유사한 형태로 '선제성'을 가진 소프트 데이터입니다. 지역별 제조업 지수의 동향을 설명해 주는 지표이지만, 제한된 한 지역의 제조업 동향이기 때문에 지수의 변동 폭이 매우 크다는 단점이 있습니다. 즉, 한 지역의 지표가 좋게 발표되었다고 해서 모든 제조업 활동이 개선되고 있다고 단정할 수는 없다는 것입니다. 그래서 대략적인 참고 자료 정도로만 활용하면 되겠습니다. 앞서 얘기한 대로 시카고 PMI, 뉴욕 엠파이어스테이트 제조업 지수, 필라델피아 연준 제조업 지수는 모두 설문 조사 지표인 소프트 데이터들입니다. 제조업 지수에는 이를 보충해주는 실측 경제지표인 하드 데이터들이 있는데요. 공장 주문, 내구재 주문 등을 대표적 예로 꼽을 수 있습니다.

② 내구재 주문

내구재는 한 번 구매하면 오랫동안 쓸 수 있는 고가의 제품을 뜻합니다. TV, 가구 등이 이에 해당한다고 볼 수 있습니다. 예컨대 세숫대야의 경우에는 오래 쓰는 물건이어도 고가가 아니기에 내구재에 포함되지 않습니다. 내구재는 주식 시장에 상장된 다수의 제조업과 직간접적으로 연관됩니다. 제조업의 실제 상황을 가장 잘 설명하는 하드 데이터 경제지표라고 볼 수 있죠. 내구재 주문은 전체 내구재 주문, 운송장비 제외 내구재 주문, 국방, 항공기 제외 비국방 자본재 주문 등으로 나뉘어 발표됩니다. 이러한 구분을 두는 이유는 내구재 주문은 금액으로 집계되기 때문입니다. 한 개의 금액이 엄청나게 큰 항공기나 국방장비로 인해 내구재 주문 전체의 금액이 크게 움직이는 경향을 보인다는 것이죠. 주식투자자의 입장에서는 운송장비 제외 비국방 자본재 주문이 가장 중요한 지표라 할 수 있습니다.

③ 공장 주문

공장 주문은 내구재 주문에 비해 상대적으로 그 중요도가 떨어지는 제조업 경제지표입니다. 내구재 주문과 공장 주문의 가장 큰 차이점은 공장재는 내구재와 비내구재를 모두 포함한다는 것이죠. 또한 공장 주문은 발표 시기가 내구재 주문보다 늦습니다. 그래서 공장 주문은 제조업 활동의 동향을 전반적으로 이해하는 데는 도움이 되지만, 실제 주식투자자에게 큰 도움을 주는 경제지표라고 보기는 어렵습니다.

케이스/쉴러 주택지수

미국에는 주택과 관련된 경제지표가 매우 많지만, 이 주택 및 건설 관련 지표가 주식 시장에 크게 작동하지는 않는 편입니다. 미국의 경우 개인들의 투자 자산에서 부동산의 비중이 우리나라만큼 절대적이지 않기 때문입니다. 여러 지표 중 주택과 관련된 대표적인 지수인 케이스/쉴러 주택지수만 간략하게 살펴보겠습니다. 케이스/쉴러 지수는 미국의 대표 도시 20곳의 주택 가격을 종합해 발표하는 대표적인 주택지수입니다. 이 지수만 보더라도 대략적인 미국의 부동산 상황을 이해할 수 있을 정도지요. 앞서 말씀드린 것처럼 주택 가격 지수가 주식 시장에 전통적으로 큰 영향을 주지는 않았지만, 지난 2008년처럼 주택 가격의 붕괴가 금융 시스템의 붕괴로 이어졌을 때는 매우 중요한 지표로 간주된 적도 있습니다. 경제지표는 경제의 상황에 따라 주식 시장에서의 중요도가 달라진다는 점을 꼭 기억하길 바랍니다. 결국 우리는 모든 경제지표에 대한 배경

● **케이스/쉴러 주택지수의 예**

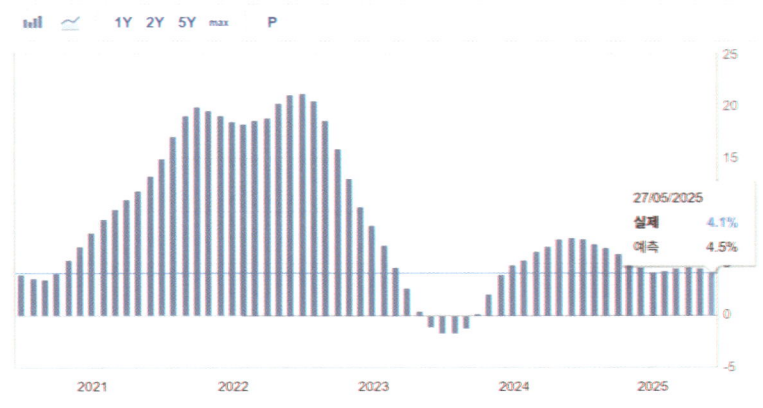

출처: 인베스팅닷컴

지식을 머릿속에 넣고 있어야 합니다. 언제, 어디서 필요하게 될지 모르니까요.

이번 장에서는 주식투자에 필요한 경제지표들을 간략하게나마 살펴보았습니다. 기본적으로 경제지표는 후행적인 성격이 강합니다. 그래서 주식투자에 '절대적'이라고 말할 수 없습니다. 사실 주식투자에 있어서는 경제지표의 동향을 파악하는 것보다 금리(채권), 환율, 원자재 등의 금융시장 가격 동향을 파악하는 것이 훨씬 더 많은 도움이 됩니다. 다만 우리는 경제지표의 흐름과 각 금융시장의 반응을 보면서 실제 금융시장이 '지금 무엇을 중요시 여기고 있는지' 이해할 수 있는 것입니다. 조금 따분하겠지만 각 경제지표의 의미와 기본적인 해석 방법에 대한 이해가 필요한 까닭이기도 합니다. 주식투자는 미래를 예측하는 것보다 시장의 이야기를 잘 듣고, 시장이 하라는 대로 대응하는 것이 더 효과적이라고 생각합니다. 시장의 이야기를 잘 이해하고자 한다면 경제지표에 대한 이해를 건너뛰어서는 안 되겠죠.

chapter 6

김진의 투자캠프과 함께하는 실전투자 스터디

– 작은 노하우가 만드는 큰 차이

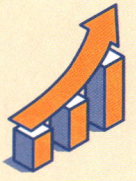

손실을 최소화하는
성공 투자 루틴

　제가 하는 추세추종 투자는 기술적 분석에 의한 투자 전략이 아닙니다. 추세를 기준으로 시장의 이야기를 잘 듣고, 주식 비중을 결정하고, 주도주를 중심으로 포트폴리오를 결정하는 투자법인 것입니다. 추세에 입각한 상태에서 시장의 이야기를 듣고 포지션을 유지·축소하는 전략이기에 시장의 흐름에 따라 위험 관리와 수익 창출을 자연스럽게 끌어낼 수 있습니다. 지금까지 우리는 주식 비중의 중요성과 주도주의 개념 등을 공부하며, 이 전략을 실제로 사용하기 위해 기본적으로 알아야 할 것들을 살펴보았습니다. 더불어 시장의 이야기를 잘 듣기 위해 주식과 금리(채권)의 관계, 주식과 환율의 관계, 주식과 원자재의 관계, 중요한 경제지표에 대해서도 짚어보았습니다. 이제, 본격적으로 추세추종 투자 전략을 어떻게 세워야 하는지 알아보겠습니다.

목표 정립이 꼭 필요한 이유

가장 먼저 해야 할 것은 '투자 목표 수립'입니다. 목표를 수립한다는 것은 그리 단순한 일이 아닙니다. 주식투자의 목표가 무엇인지 물어보면 많은 이들이 '안정적 수익', '고수익', '경제적 자립' 등의 피상적인 목표를 얘기합니다. 제가 전하고자 하는 주식투자의 목표는 결코 추상적인 차원의 것이 아닙니다. 매우 구체적이고 뚜렷해야 합니다. 목표가 분명하고 구체적일수록 투자의 위험도는 낮아집니다. 하지 말아야 할 것들을 안 할 수 있고, 목표에 부합하지 않는 것들에게 쏟는 불필요한 에너지를 절약할 수 있다는 것입니다. 이는 집중력 향상으로 이어집니다.

예를 들겠습니다. 요즘 자산운용사(뮤추얼 펀드) 주식형 펀드의 목표는 '벤치마크 수익률 상회'입니다. 시장이 좋을 때는 시장보다 고수익을 내는 것이 목표고, 시장이 안 좋을 때는 시장보다 덜 하락하는 것을 목표로 합니다. 얼마 이상 손실을 보지 않겠다거나 일 년 목표를 얼마로 하겠다는 등의 목표는 없습니다. 그래서 자산운용사의 펀드 매니저는 주식 비중 조절, 자산 배분 같은 가장 중요한 단계는 고민하지 않습니다. 늘 주식 비중은 95% 이상 유지하고 있죠(환매를 대비해 약간의 현금 가지고 있을 뿐입니다). 그래야 항상 주식 비중이 100%일 때를 가정하는 벤치마크 수익률을 이길 수 있기 때문입니다. 시장이 폭락할 때 자산운용사에서 주식형 펀드를 운용하는 펀드 매니저는 사실 그렇게 힘들어하지 않습니다. 시장이 폭락할 때 이들의 목표는 단지 시장보다 덜 하락하는 것이지, 절대적으로 손실을 줄이는 것이 목표가 아니기 때문입니다. 대신 저와 같은 프랍 트레이더는 손실은 지극히 제한시켜야 한다는 절대적인 목표가 있습니다. 시장의 하락보다 손실이 덜 났더라도 절대적인 손실을 기록했다면, 결코 좋은 평가를 받을 수 없습니다. 그래서 주식 비중 조절은 프랍 트레이더에게 가장 중요한 작업입니다.

이렇게 투자 목표 설정에 따라 고민의 범위가 정해지게 됩니다. 투자 목표를 정함으로써 해야 할 일이 구체적으로 정해지게 되며, 우리는 투자 목표에 맞는 고민만 하면 됩니다. '목표에 부합하지 않은 주식투자'를 하면서 발생하는 불필요한 고민을 하지 않아도 되는 것입니다. 이는 투자 목표 수립과 목표의 구체성이 중요한 까닭이기도 합니다.

〰️ 추세 추종 투자 전략의 목표

그렇다면, 이 그래프와 함께 제 투자 목표를 얘기해 보겠습니다. 점선이 시장이고 실선이 수익률입니다. 제가 추종하는 추세추종 투자 전략

● **시장과의 수익률 비교**

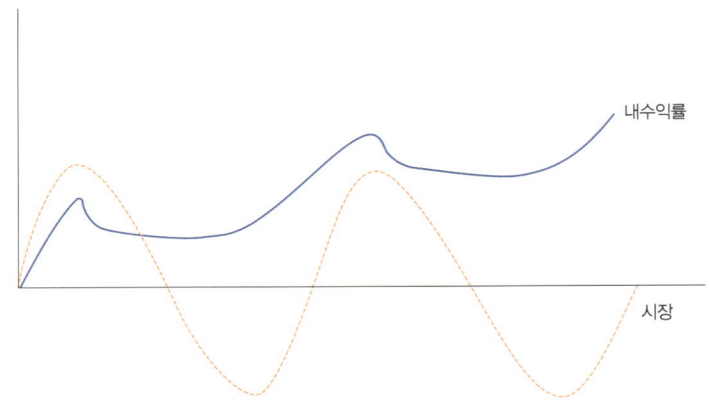

의 목표는 이 그래프와 같습니다(추세추종 투자 전략의 목표가 다 이런 것은 아닙니다). 쉽게 말해, 저는 'call option'의 수익을 원합니다. 시장이 좋을 때 수익을 내고, 꼭 시장 이상의 최고 수익을 목표로 하지도 않습니다. 대신 시장이 좋은 만큼 충분한 투자 수익을 위해 공격적인 투자를 합니다. 여기서 말하는 '공격적인 투자'란 주식 비중을 80% 이상으로 가져가고, (시장이 좋기에) 주도주에 최대한 집중한 공격적인 포트폴리오를 구성하는 것입니다. 그러면 시장을 완전히 초과하는 투자 수익을 낼 수는 없지만, 최대한 시장을 따라가는 수익이 나오게 됩니다.

시장이 하락할 때는 손실을 최소화하는 것을 목표로 삼습니다. 시장이 하락하는 동안 손실을 완전히 피해갈 수는 없겠지만, 그래도 손실을 막기 위해 최대한 노력합니다. 이 노력은 의외로 간단합니다. 주식 비중을 가능한 한 낮게 가져가는 것입니다. 가지고 있는 주도주가 상승을 종료하기 시작하면, 그다음부터는 주식을 가지고 있을 이유가 없습니다. 이렇게 하나둘씩 주도주가 상승의 추세에서 이탈하면 이에 대응하여 자연스럽게 주식을 팔고 다른 주식을 사는 것이 아니라 현금의 비중을 늘립니다. 그러면 어느 순간 주식 비중이 낮아지게 됩니다. 그래도 시장이 더 하락한다면, 그때부터는 시장이 하락하는 상황마다 주식을 줄여 주식을 거의 가지지 않은 상태로 만듭니다. 숫자로 표현한다면 주식 비중 10% 이하가 될 텐데, 프랍 트레이더로 활동할 때는 이보다도 훨씬 낮았습니다. 그렇게 해서 시장이 하락하는 기간에 손실을 최대한으로 방어합니다. 그리고 또 주도주가 생기고 시장이 좋아지면, 주식 비중을 올리면서 적극적인 투자를 합니다. 이 과정을 반복하면 시장이 장기간 박스권의 등락만 보인 상태라 할지라도 나의 수익은 사이클마다 꾸준하게 쌓이면서 만족할 만한 수익을 올릴 수 있게 됩니다. 이것이 제가 추세추종 투자를 하면서 얻고자 하는 투자의 '목표'입니다.

물론 이 사이클이 '짧은 사이클'을 의미하지는 않습니다. 주도주라는 사이클과 동반되는 것이기 때문에 때로는 몇 년의 시간이 소요되기도 하죠. 2~3개월 정도의 짧은 사이클에 집중한다면 추세추종은 별 도움이 되지 않습니다. 추세가 꺾인 것이 확인되어 팔 때면 그동안 올린 수익은 이미 반납한 상태일 것이며, 추세가 형성되었다고 주식을 사면 그때가 고점인 경우가 많기 때문입니다. 그런즉 2~3개월의 짧은 사이클에 이 투자 목표를 적용한다는 것은 매우 어렵습니다. 보통의 경우 2~3개월의 짧은 사이클에는 주도주가 발생하지 않습니다. 앞서 공부했듯 주도주는 경기의 사이클과 함께 나타나는 종목입니다. 2~3개월의 짧은 사이클은 특정주를 중심으로 한 사이클이고, 저는 그런 시장에서는 높은 비중의 주식 투자를 하지 않습니다. 이 전략으로는 좋은 결과를 내기 어려운 구간이기 때문입니다. '이런 구간에서도 수익을 낸다'라는 목표가 애초에 없기에 과감히 포기할 수 있습니다.

저는 '긴 상승 사이클에서 적당한 수익을 내고, 나머지 국면에서 철저한 손실 관리를 하겠다'라는 명확한 투자 목표를 가지고 있습니다. 추세 추종 투자 전략은 목표를 달성하기 위해 구사되는 것이기에 저는 철저하게 '주도주'에만 집중하며, 시장의 특별한 방향이 없는 구간에서 좋은 수익을 주는 중소형주에는 쉽게 관심을 두지 않습니다. 그렇게 저는 저의 모든 에너지를 주도주와 시장에만 쏟을 수 있었고, 일관된 투자 방식을 통해 목표한 수익을 달성할 수 있었습니다. 이러한 투자 목표는 '주식투자로 고수익을 내는 것이 목표'인 분께는 적합하지 않을 수도 있습니다.

저는 지난 20여 년간 현역 기관투자가로서 이 목표를 달성하기 위해 투자를 했습니다. 지나고 보니 대략 연평균 12~15% 정도의 수익을 냈죠. 시장이 좋은 해는 100%에 가까운 수익을 내기도 하고 특별한 상승 사이클이 없는 시기에는 몇 년 동안 수익이 나지 않았던 적도 있습니다. 연평균 수익이 15%라고 한다면 5년이면 100%의 수익입니다. 저마다 목표하는 바가 다르겠지만, 제 기준에서 이는 그렇게 불만족스러운 수익이 아닙니다.

좋은 시장과 나쁜 시장의 구분

"좋은 목표네요. 그러나 가장 중요한 건 결국 좋은 시장과 나쁜 시장의 구분인데, 이를 판단하는 기준이 있나요?"

제 목표를 얘기하면 십중팔구는 이런 질문을 던집니다. 어쩌면 이 책을 관통하는 질문일 수도 있겠습니다. 좋은 시장과 나쁜 시장을 분별하는 기준은 지극히 간단합니다. 지금 시장이 오르고 있고, 시장의 흐름을 지배하는 주도주가 있으면 저는 '좋은 시장'으로 판단합니다. 주도주에 관해서는 앞에서 길게 얘기를 했는데요. 경기와 밀접한 연관이 있고, 시장을 완전히 지배하는 일종의 종목군(한두 종목이 아님)이 존재해야 합니다. 처음에는 당연히 지금 가장 강한 이 주식이 주도주인지 알 방도가 없습니다. 시간이 지나면서 시장은 주도주가 무엇인지 서서히 알려주게 되죠. 그리고 대부분의 주도주군은 시장보다 훨씬 앞서서 이미 높은 주가 수익을 보여주고 있습니다. 완벽한 상승추세를 그리고 있다는 얘기입니다.

증시를 지배하는 종목군이 존재하고 그에 따라 증시가 상승하고 있다면, 저는 좋은 시장으로 간주하고 공격적인 투자 전략을 수립합니다. 더불어 주도주에 대해서 보다 철저한 공부를 진행합니다. 가장 먼저 찾고자 하는 것은 '이 주도주가 왜 오르는가?' 하는 구조적인 질문에 대한 답입니다. 쉽게 말해, 주도주군의 상승 논리를 이해하려 하는 것입니다. 주도주군의 상승 논리를 이해하게 되면 결국 이 주도주군의 상승 논리에 영향을 미치는 '경제적 변수'들을 알 수 있게 됩니다. 이는 금융시장 가격지표일 수도 있고, 경제지표가 될 수도 있습니다. 그래서 저는 계속해서 주도주군의 실질 추세, 상승 논리의 훼손 여부, 주도주군 상승에 영향을 미치는 경제 변수의 동향을 매일매일 업데이트합니다. 추세추종을 잘하기 위해서는 단순히 기업의 추세만 보는 것이 아니라 추세의 관점에서 시장 전체의 이야기를 들어야 한다고 다소 추상적으로 얘기를 했는데요. 조금 더 깊이 들어가 보겠습니다.

추세를 기반으로 한 주도주의 존재 여부, 주도주가 존재한다면 추세의 진행 여부, 존재하는 주도주의 상승 논리에 대한 이해, 주도주의 추세에 영향을 미치는 경제 변수에 대한 판단과 정기적 점검, 이것이 제가 시장의 이야기를 듣는 핵심 요소입니다. 이를 기반으로 주도주의 추세, 주도주의 상승 논리에 영향을 줄 수 있는 경제 변수를 추세의 측면에서 매일 해석하는 것⋯. 이것이 바로 제가 '시장의 이야기를 듣는 행위'입니다. 주도주의 추세에 영향을 주는 경제 변수의 경우 갑작스레 등장할 수도 있습니다. 그래서 일반적으로 '주도주에 영향을 주는 요소로 이해되는 경제 변수를 중심'으로 시장의 이야기를 듣지만, 다른 변수들의 동향 역시 거의 매일 따라가려고 노력합니다. 이를 위해 현역 시절부터 지금까지 쓰고 있는 것이 바로 '시황'입니다.

저는 현역 시절부터 지금까지 매일 시황을 씁니다. 특별한 일이 없는 한 매일 쓰려고 노력했고, 과거에는 '시황을 쓰지 못한 날에는 포지션을 수정하지 않는다(매매하지 않는다)'라는 원칙도 가지고 있었습니다.

주식 시장을 바르게 분석하는 법

시황 쓰는 법을 설명하기에 앞서 시장을 분석할 때(혹은 시장의 이야기를 들을 때) 반드시 지녀야 하는 태도부터 살펴보겠습니다. 모든 사람은 '편향'이라는 것을 가지고 있습니다. 주식투자에서도 예외는 아닙니다. 늘 주식 시장이 어떻다는 근거 없는 '잠정적인 결론'을 가지고 있기에 그에 맞는 것들만 골라서 확인합니다. 잠깐이지만 증권사 리서치에 근무할 때 저 역시도 그랬습니다. 어떤 결론을 이미 내려놓고 그 결론에 부합할 근사한 데이터를 찾는 게 주된 일이었죠. 그렇게 하다 보면 그럴듯해 보이는 자료를 쓸 수가 있습니다. 하지만 이는 시장을 분석하는 것이 아니라 자기의 판단을 재확인하는 과정에 지나지 않습니다. 제대로 시장의 이야기를 듣는 것이라고 볼 수 없고, 실제 투자에도 전혀 도움이 되지 않습니다. 즉, 주식 시장을 분석할 때 가장 필요한 것은 매일매일 잠정적 결론 없이 '제로 베이스'에서 보아야 한다는 것입니다. 이는 답을 내리기 좋아하는 인간의 근원적 속성에 반하는 일이라 생각처럼 잘 되지 않습니다.

가장 좋은 방법은 작은 것부터, 보이는 대로 메모하는 습관입니다. 추세라는 일관된 관점을 가지고 말이죠. 여기서 말하는 '작은 것'은 시장과 하나의 산업을 대표하는 개별 종목군의 흐름을 본다는 뜻입니다. 그렇게 그저 보이는 대로, 추세라는 일관된 기준을 가지고 메모해 나가는 것입니다.

- 반도체: 상승추세 안에서 등락 중
- 금융: 고점 갱신 상승추세 강화 중

이렇게 작은 것들을 하나씩 메모해 나가면서 시장을 구성하는 거의 모든 산업들을 살펴봅니다. 그러면 그날의 흐름이 어떻게 전개되고 있는지 대강 어림잡을 수 있습니다. 그 후 조금 더 큰 차원의 자산들을 봅니다. 주가 지수일 수도 있고, 금리일 수도 있고, 환율이나 원자재일 수도 있겠죠. 마지막으로 간접적으로나마 시장에 영향을 줄 수 있는 경제 이벤트(경제지표, 정책, 누군가의 언급) 등을 점검해 메모합니다. 이렇게 작은 것에서부터 큰 것으로 확장시켜 나가다 보면 어떤 퍼즐이 맞춰지게 됩니다. 이 퍼즐을 좀 더 잘 맞출 수 있는 방법이 또 하나 있는데요. 메모를 하나로 묶어 '에세이'를 쓰는 겁니다. 감이 잡히는 것들을 토대로 에세이를 쓰기 시작하면 그날의 대략적인 시장 흐름이 눈에 보이기 시작합니다. 나아가 시장이 그날 무슨 이야기를 했는지 들을 수 있게 되죠.

에세이 말미에는 시장이 좋은지 나쁜지, 주도주가 무엇이고 지금 어떤 상황인지 등을 적으며 결론을 냅니다. 이 결론에 따라 전략을 수정할 것인지, 기존의 전략을 유지할 것인지 결정하면 됩니다. 이것이 바로 시장의 이야기를 통해 예측하지 않고 대응하는 전략입니다. 처음에는 막막하고 어려울 수 있지만, 하다 보면 누구에게나 '촉'이라는 게 생기기 마련입니다. 이를 다르게 표현하면 '감각'이 될 수도 있겠지요. 그러니 처음부터 너무 겁먹을 필요는 없습니다. '추세'라는 하나의 관점으로 바라보기 때문에 이 과정은 가장 중요한 '일관성'이 담보됩니다. 더불어 추세란 결국 변곡점에만 대응하는 것이고, 예측하는 것이 아니기에 매매의 횟수 또한 줄일 수 있습니다.

이것이 제가 시황을 쓰는 과정이고, 시장의 이야기를 듣는 가장 이상적인 방법입니다. 저처럼 직업 투자가가 아닌 사람이 이런 작업을 한다는 것이 쉽지 않다는 걸 압니다. 그러나 요즘은 증권사 리서치, 유튜버 등 정보 제공자들이 차고 넘치죠. 섣불리 예측하지 않고 시장의 흐름을 읽어주는 사람이 있다면 그들의 손발을 빌리는 것도 좋은 방법이라고 생각합니다. 1~2주에 한 번씩만 이 작업을 해도 투자에 분명 큰 도움이 될 것입니다.

시장의 '진짜 추세' 보기

추세추종 투자 전략에 대해 늘 얘기하다 보니, 추세 보는 법에 대한 질문을 많이 받습니다. 사실 저는 추세를 보는 법이 따로 존재하지 않는다고 생각합니다. 추세란 누가 봐도 뚜렷하게 보이는 하나의 방향성이죠. 그런즉 '있는 그대로', '보이는 그대로' 보면 됩니다. 단, '나의 투자에 맞는 기간을 기준'으로 추세를 봐야 합니다. 추세는 결국 2차원의 문제입니다. 추세는 시간이라는 X축과 가격이라는 Y축을 통해서 우리에게 표현됩니다. 그렇기에 투자자로서 추세를 볼 때 가장 중요하게 생각해야 하는 요소는 바로 X축, '시간'이 되어야 할 것입니다.

"추세를 보는데 왜 가격보다 시간이 더 중요한가요?"

이런 의문이 드는 것은 당연합니다. 우선, 가격인 Y축은 시간인 X축에 따라 변합니다. 이는 시간을 고려해야 하는 가장 큰 이유이기도 합니다. 또한 '나에게 의미 있는 추세'는 결국 '나의 투자 기간에 이롭게 작용하는 추세'여야 합니다. 그래야 비로소 가치를 지니게 되니까요. 예를 들어보겠습니다. 주식투자를 통해 매달 생활비를 벌어야 하는 사람이 있습니다. 이 투자자에게 가장 필요한 주식투자의 '결과'는 1개월마다 발생하는 현금입니다. 즉 1개월 안에 포지션이 청산되어야 한다는 뜻입니다. 이런 사람에게 1년의 추세, 5년의 추세는 사실상 큰 의미가 없습니다. 이 투자자에게는 오직 1달 이내의 추세만 중요하다는 것이죠.

● 템플턴 펀드 광고 속 하락장과 전체 기간의 예시

저에게 추세에 대한 이러한 깨달음을 준 엄청난 광고가 하나 있습니다. 과거 템플턴 펀드의 TV 광고인데요. 제시된 그림과 같이 처음에는 하락하는 그래프를 보여줍니다. 그러고는 이렇게 묻습니다.

"여러분은 무엇이 보입니까?"

이후 화면을 점점 확대하더니 다음과 같은 그래프를 보여줍니다. 타원형으로 표시된 부분이 위의 기간입니다. 그러고는 다시 이렇게 말합니다.

출처: 트레이딩뷰

"우리는 상승을 봅니다."

템플턴 펀드의 이 TV 광고는 당시 저에게 엄청난 충격을 안겨주었습니다. 처음 나왔던 그래프는 1년여의 기간 동안 벌어진 증시 하락 그래프였습니다. 그러나 템플턴은 초장기 투자자이기 때문에 하락이 아니라 상승을 본 것이었죠. 그런데 만약 저와 같은 프랍 트레이더가 추세를 가지고 투자하면서 템플턴처럼 '기간의 관점'으로 보았다면 아마 프랍 트레이더를 오래 하지 못했을 것입니다. 프랍 트레이더의 투자 기간은 '1년'이기 때문입니다. 이렇듯 추세를 바라볼 때 가장 중요한 것은 바로 기간입니다. 더불어 이 기간은 투자자의 투자 호흡과도 직결되는 문제입니다. 투자자는 추세를 볼 때 자신의 투자 호흡에 일치시켜 보아야 하며, 가격보다는 시간에 좀 더 집중해야 합니다.

결국, 나의 투자에 맞는 투자 기간을 가지고 오르는 상황인지, 하락하는 상황인지, 아무런 추세가 없는 상황인지 구분하는 것이 바로 '추세를 보는 법'이라 하겠습니다. 앞서 추세는 누구나 알 수 있는 자산의 방향이라고 얘기했는데요. 강의할 때면 종종 다음의 그래프를 보여주며 그 답을 같이 찾습니다.

● 아리스타 네트워크의 상승추세 예시

아리스타 네트워크의 상승 추세를 예로 들겠습니다. 여러분은 이 그래프가 어떤 추세로 보이나요? 네, 누가 봐도 상승 추세입니다. 지속적으로 우상향하고 있으니까요. 그래프가 담고 있는 '1년이라는 기간'의 관점에서 보면 이 추세는 분명 상승이 맞습니다.

● **LG화학 보통주의 하락추세 예시**

이번에는 LG화학 보통주의 하락 추세로 예를 들겠습니다. 이 그래프는 어떤 추세로 보이나요? 아마 모든 분들이 같은 답을 내놓을 것입니다. 네, 하락하는 추세입니다. 누가 봐도 주가가 하락하고 있다는 것을 알 수 있습니다. 이 또한 그래프가 담고 있는 '1년이라는 기간'의 관점에서 보면 이 추세는 분명 '하락'이 맞습니다.

● 한국전력공사의 비추세 예시

출처: 트레이딩뷰

　마지막으로 이 그래프를 살펴보겠습니다. 많은 이들이 가장 어려워하는 추세입니다. 어디에서는 상승도 보이고 어디에서는 하락도 보입니다. 그래서 이러한 추세를 '비추세'라고 부릅니다. 많은 투자자들이 이 비추세에서 헤매는 걸 많이 봐왔습니다. 모두 다른 답을 내놓기 때문이죠. 어렵게 생각하지 않아도 됩니다. 누가 봐도 같은 답을 내놓을 수 있는 것이 바로 추세입니다. 반대로 누가 봐도 어렵다면 그것은 곧 비추세가 됩니다. 저는 단 3개의 추세만 존재한다고 생각합니다. 상승 추세, 하락 추세 그리고 비추세가 그것이죠. 그렇다면, 제가 추세를 보는 법은 매우 간단합니다. 제 투자에 맞는 기간을 설정하고 상승 추세인지, 하락 추세인지, 비추세인지 구분하기만 하면 됩니다. 이것이 제가 '추세를 보는 법'입니다. 이제 '추세가 이 기간의 중간에 생기는 것은 어떻게 받아들일 것인가?' 하는 문제가 남을 것입니다. 일단, '추세는 이렇게 본다'는 큰 관점을 가지고, 좀 더 세분화해서 짚어보겠습니다. 추세를 이해하고자 하는 것도 결국은 주식투자를 잘하기 위함이니, 추세와 투자 전략을 연계해 설명하겠습니다.

강한 추세란 무엇인가?

추세추종은 추세를 역행하는 것이 아니라 추세에 순응하는 것입니다. 즉 추세의 변하는 지점을 예상하고 투자 전략을 취하는 것이 아니라, 추세가 보여주는 대로 추세에 순응하여 투자 전략을 수립하는 것이 추세 추종 투자 전략의 핵심입니다. 이러한 측면에서 추세추종 투자 전략은 약한 추세보다는 강한 추세(신뢰할 수 있는 추세)에 순응하여 투자 전략을 수립하는 것이 정석입니다. 그러면 어떤 추세가 강한 추세일까요? 1개월 동안 오른 추세보다 3년 동안 오른 추세가 사실은 더 신뢰도가 있고 강한 추세이며, 더 집중하고 순응해야 하는 추세입니다. 그런데 이쯤에서 추세추종 투자는 우리 같은 주식투자자에게 어려움을 던져줍니다. 많이 오른 주식일수록 곧 하락할 것처럼 느껴진다는 것이죠. 여기서 한 가지 예를 들어 강한 추세를 구분해 보겠습니다.

● **2024~2025년 팔란티어 테크놀로지의 추세**

● **같은 기간 스노우플레이크의 추세**

출처: 트레이딩뷰

똑같은 섹터에 있는, 하는 일도 유사한 두 기업의 그래프입니다. 위쪽 종목은 오랫동안, 아주 강한 강도로 올랐습니다. 반대로 아래쪽 종목은 이제 경우 오르기 시작하는 상황처럼 보입니다. 완벽한 상승추세가 형성되었다고도 보기 힘든 정도죠. 굳이 상승추세를 찾자면 2달 정도만 상승 추세를 보이는 상황입니다. 이제, 여러분은 어떤 종목의 추세가 강한 추세라 생각하시나요? 아마 대부분 위쪽을 고를 것입니다. 나아가 투자를 해야 한다면 위쪽과 아래쪽 중 어느 종목에 투자할 건가요? 아마 여기서 의견이 많이 갈릴 것 같습니다. 추세를 추종하는 투자 전략을 구사한다면, 사실 큰 고민 없이 위쪽의 주식을 선택해야 마땅합니다.

추세가 강한 것을 사는 게 정석임을 알지만, 막상 실전 투자에서는 아래의 종목에 투자하길 희망할 것입니다. 주식투자는 '싸게 사서 비싸게 판다'라는 전제가 추세에 순응하려는 마음에 훼방을 놓기 때문입니다. 그래서 저는 종종 추세추종 투자는 '(어제보다) 비싸게 사서, (어제보다) 싸게 파는' 전략이라고 설명하기도 합니다. 저는 추세추종 투자 전략이 '예상하는 전략'이 아닌 '대응하는 전략'임을 늘 강조합니다. 그러면 오랫동안, 많이 오른 주식이 부담스러울 이유가 사실은 없습니다. 오랫동안 많이 오른 주식이 부담스러운 이유는 우리 마음속 어디선가 '추세가 변하는 변곡점을 미리 예상하고 있기 때문'입니다. 오랫동안 오른 주식은 반드시 하락할 것이라고 알게 모르게 예상하고 있기 때문에 부담을 느끼는 것뿐입니다.

'예상'하지 않고 '대응'할 때 주식투자는 훨씬 덜 힘들고 안전해진다는 것에 동의한다면, 강한 추세는 투자에 있어서도 역시 '강한 추세'로 받아들이면 되겠습니다. 오랫동안, 더 강하게 오른 추세가 '강한 추세'라는 것을 잊지 않길 바랍니다. 그리고 우리는 그 강한 추세를 가진 주식에 투자해야 합니다.

추세가 바뀌는 순간, 변곡점 이해하기

추세추종 투자는 추세에 순응하고 대응하는 투자 전략이기에 결국 중요한 것은 '변곡점'에 대한 '이해'와 '대응'입니다. 변곡점은 추세가 변하는 지점, 혹은 추세가 새롭게 형성되는 지점을 뜻합니다. 물론, 완벽한 변곡점의 판단 기준은 없습니다. 그래서 제 경험상 가장 일반적으로 생각할 수 있었던, 그래서 이것만 실전에 제대로 적용해도 큰 무리가 없었던 변곡점에 대해 설명하겠습니다. 이를 두고 누구는 기술적 패턴이라 이야기할 수도 있겠습니다. 그러나 기술적 패턴은 주로 예측의 영역을 이야기하는 것이고, 저는 변곡점 발생 후의 '인식'과 '대응'을 설명하는 것이기에, 조금 다른 개념으로 받아들이는 게 좋습니다.

먼저, 제 기준에서는 4개의 변곡점이 존재합니다. 추세가 변하는 것을 의미하는 Sell sign, Short cover sign과 새로운 추세가 형성되는 Long sign, Short sign이 그것입니다. 100%라고 말할 수는 없지만, 대개 상승 추세가 하락 추세로 바로 변하거나 하락 추세가 상승 추세로 바로 변하지는 않습니다. 그보다 하나의 추세가 종료되고, 비추세 과정을 거치고 난 뒤 새로운 추세가 형성되는 경우가 훨씬 더 많죠. 그래서 변곡점은 기존의 추세가 종료되는(변하는) 변곡점이 있고, 이때 우리는 기존의 포지션을 수정하면 됩니다. 마찬가지로 새로운 추세가 형성되는 변곡점이 발생하면 우리는 그에 따른 새로운 포지션을 구축하면 되는 것입니다.

변곡점의 종류를 하나씩 다루기 전에 변곡점의 기본적인 관점부터 살펴보겠습니다. 첫 번째는 변곡점으로 파악할 수 있는 가장 뚜렷한 시그널인 '기울기'입니다. 기존의 추세보다 더 강한 기울기를 가진 반대의 흐름이 형성될 때 변곡점이 발생할 가능성이 큽니다. 이는 특히나 추세가 변하는 변곡점에서 더 뚜렷하게 파악할 수 있습니다. 두 번째는 한 번의 변곡점으로 추세가 완전히 변하지 않고, 순차적으로 나타나면서 추세가 바뀐다는 것입니다. 이는 특히 우리가 가장 중요하게 생각하는 '강하고 긴 추세'에서 더욱 두드러집니다. 긴 추세일수록 완전한 변곡점은 한 번에 나타나지 않고 여러 번에 걸쳐 순차적으로 나타나는 경향을 보입니다. 그런즉, 이러한 변곡점에 대한 우리의 대응도 순차적이어야 합니다. 이제 본격적으로 변곡점에 대해 하나씩 살펴볼 텐데요. 앞의 두 개는 기존의 추세가 바뀌는 변곡점이고, 뒤의 두 개는 새로운 추세가 형성되는 변곡점입니다.

ᴧᴧ Sell sign (강한 매도 신호)

Sell sign은 상승 추세가 종료되는 변곡점입니다. 제가 이것을 'Sell sign'으로 이름 붙인 것은 '상승 추세라면 이 주식을 가지고 있었을 텐데, 상승 추세가 종료되는 변곡점이 발생했기에 주식을 팔아야 하는 시그널'이라는 이유에서입니다.

● **Sell sign 변곡점과 조정의 비교**

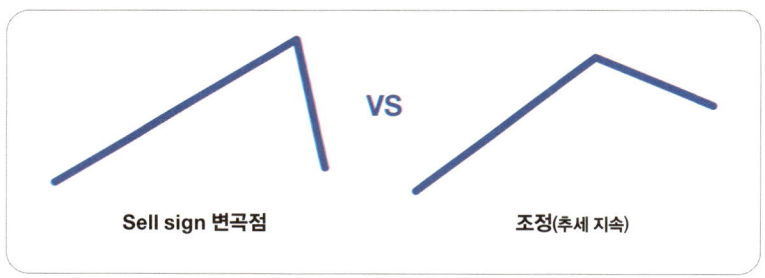

그림으로는 이렇게 표현해볼 수 있습니다. 앞서 변곡점의 가장 뚜렷한 기준점이 '기울기'라고 얘기했는데요. 이를 Sell sign에 적용하면 '기존 상승 추세의 상승 기울기보다 더 가파른 하락이 나오면 변곡점으로 인식'

할 수 있습니다. 반대로 오른쪽처럼 기존의 상승 기울기보다 완만한 하락이 나오면 이는 '조정'이고, 상승 추세가 이어질 것으로 본다는 얘기입니다. 어떤 주식에 Sell sign이 나오면 일련의 상승 추세가 종료된다고 판단합니다. 다만 기존의 상승 추세가 길면 길수록 이 추세에 대한 변곡점은 순차적으로 나타납니다. 전체 상승 추세 속에 단기 상승 추세에 대한 변곡점이 나오고, 비추세가 유지되다가 또 한 번의 변곡점이 나오면서 중기적 추세에 대한 훼손이 발생합니다.

● **아틀라시안(TEAM) 주식에서 잇따라 발생한 Sell sign 예시**

출처: 트레이딩뷰

순차적인 Sell sign의 발생과 대응의 예를 함께 보겠습니다. 1차 변곡점에서 우리는 최소 2달간의 상승보다 가파른 하락을 발견할 수 있습니다. 전형적인 1차 추세 변곡점이 발생한 것입니다. 주식투자에는 '매수는 천천히 매도는 빠르게'라는 원칙이 있습니다. 이 원칙은 매우 중요한데, 매수를 하지 못했을 때는 '기회비용의 손실'이 위험의 전부이지만 매도를 하지 못했을 때는 직접적인 손실이 발생합니다. 저 역시 매수는 천천히, 매도는 빠르고 강하게 하는데요. 1차 변곡점 발생 시 무조건 50%를 매도한다는 저만의 원칙을 갖고 있습니다(애매하면 30%).

해당 주식의 경우 변곡점이 순차적으로 나타나긴 하지만 그 속도가 굉장히 빠릅니다. 1차 변곡점 발생 이후 한 번 더 하락하면서 2차 변곡점이 발생했죠. 앞선 1차 변곡점이 지난 2달간의 상승보다 가파른 하락을 통한 변곡점이라면, 2차 변곡점은 지난 6개월 이상의 상승추세보다 가파른 하락이 진행되고 있음을 확인시켜주고 있습니다(그래서 저는 2차 변곡점이라고 했습니다). 이 지점에서 저는 정말 최소한의 비중만 남겨두고 거의 모든 포지션을 청산합니다. 그리고 이 주식의 장기 상승 추세가 완전히 사라진 3차 변곡점이 발생했을 때, 남아 있는 최소한의 포지션까지 청산하며 이 주식과는 완전한 이별을 합니다. 이것이 Sell sign 변곡점에 따라 대응하는 저의 방법입니다. 예를 든 이 주식은 변곡점의 발생이 굉장히 빠르게, 연속적으로 나타난 경우이며 이보다 훨씬 긴 기간이 소요되기도 합니다.

"1차 변곡점에서 다 털고 나왔으면 손실을 더 줄일 수 있었을 텐데, 왜 굳이 3단계로 나눠서 손실을 키우는 거죠?"

이렇게 물어올 수도 있을 것 같은데요. 맞습니다. 1차 변곡점에서 100% 팔았다면 훨씬 나은 성과를 거두었을 것입니다. 그런데 이것은 또 그 자체로 '대응'이 아닌 '예상'에 가깝습니다. 1차 변곡점을 기준으로 '이 주식의 전체적인 상승 추세가 종료될 것'이라고 생각할 근거는 어디에도 없습니다. 1차 변곡점 발생 이후 추가 변곡점 없이 조정을 보이다가 다시 재상승하는 경우가 훨씬 많습니다. 우리가 변곡점에 순차적으로 대응해야 하는 까닭입니다. 주식의 미래를 예측하지 않고, 눈에 보이는 대로 가능성을 열어놓고 포지션을 수정하는 것입니다. 이것이 서두에 언급한 '위험에 대한 올바른 태도'라고 저는 생각합니다. 위험은 다른 게 아니라 '내가 틀리는 것'이기 때문입니다.

∿ Short cover sign (하락추세 종료 변곡점)

다음 변곡점은 Sell sign의 반대라고 할 수 있는 Short cover sign입니다. 이는 쉽게 하락 추세가 종료되는 변곡점을 의미합니다. 하락 추세라면 어떤 투자자들은 대차매도 포지션(공매도, short)을 가지고 있었을 것입니다. 그래서 이 변곡점이 나오면 해당 포지션을 청산하라는 의미에서 'Short cover sign'이라고 명명했습니다.

● **Short cover sign 변곡점과 조정의 비교**

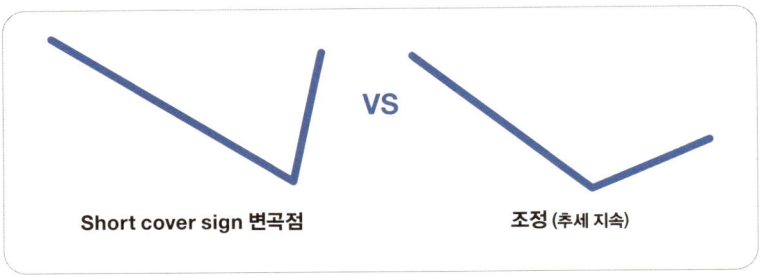

일반적으로 이런 형태의 변곡점입니다. 보다시피 Sell sign과 완전히 반대되는 형태인데요. 이 역시 변곡점의 구분은 '기울기'입니다. 기존의 하락 추세보다 가파른 각도의 반등이 나오면 변곡점으로 보면 되고, 그렇지 않다면 하락 지속으로 보면 됩니다. 사실 이 변곡점은 증권사 프랍 트레이더나 헤지펀드 매니저가 아니면 크게 필요하지 않은 변곡점이라고 볼 수 있습니다. 아무래도 대차매도, 공매도 포지션은 일반적으로 구사하기 어려운 포지션이기 때문입니다. 그럼에도 언급하는 것은 실제 투자의 세계에서 상당수의 투자자가 이 Short cover sign을 Long sign(매수 사인)으로 착각하기 때문입니다. 이 Short cover sign은 말 그대로 하락 추세가 종료되는 변곡점입니다. 대개 하락 추세가 종료되면 비추세로 전환되기 마련이고, 바로 상승 추세를 만드는 건 흔치 않습니다. Short cover sign을 매수의 변곡점으로 생각하려면 추세 포지션보다는 트레이딩 포지션이 되어야 할 것입니다. 저는 이 Short cover sign을 포지션 변화의 사인으로 보기보다는 시장 전체를 해석할 때 주로 사용합니다.

주식투자가 매력적인 이유는 '언제라도 수익이 날 수 있는 것처럼 보이기 때문'입니다. 아무리 좋지 않은 시장이라도 올라가는 주식은 늘 있습니다. 그래서 '내 주식이 그런 주식이 되면 된다'라고 생각합니다. 하락하는 주식 역시 계속 하락하지 않고 자꾸 반등을 줍니다. 그러니 그 흐름만 잘 타면 수익을 낼 수 있다고 또한 느끼게 됩니다. 그러나 실제로 주식투자를 해보면 결코 쉬운 일이 아니라는 걸 깨닫게 되죠. 보기에는 쉬운데 실제로 해 보면 무척이나 어렵습니다. 주식 투자가 힘든 건 불가능에 가까운 것을 가능한 것처럼 보이게 하여 자꾸 불가능한 영역에 도전하게 만들기 때문입니다. 그래서 주식투자는 욕심을 줄일수록, 정해놓은 목표

● **Short cover sign의 실패 예시**

출처: 트레이딩뷰

에 충실할수록 그 성과가 좋습니다. 앞으로 주식투자를 할 때 이 Short cover sign을 매수의 변곡점으로, 매수의 시그널로 받아들이지 않도록 유의하길 바랍니다. 모든 변곡점은 완벽하지 않으며, 때로는 틀리기도 합니다. 위의 그림에서 제가 동그라미로 표시한 부분은 분명히 Short cover sign으로 이해될 만한 흐름이었습니다. 하지만 이는 실패한 변곡점이었고, 그 이후에 또 장기적인 하락추세가 형성되었습니다. 앞서 설명한 Sell sign을 잘못 해석할 경우 기회비용의 손실만 생깁니다. 우리는 추세 훼손 정도에 따라 순차적으로 대응하기 때문에 기회비용 손실이 아주 크지는 않습니다. 그러나 이 Short cover sign이라는 변곡점을 매수의 포지션으로 이해하게 될 경우, 위의 그림처럼 잘못된 변곡점이 발생한다면 '기회비용 손실' 이상의 '직접적인 손실'로 이어집니다. 때문에 이 Short cover sign은 '이 종목의 하락이 끝났구나' 정도로만 이해하면 되겠습니다.

～ Long sign (상승추세 전환 사인, 매수 신호)

다음 변곡점은 Long sign입니다. 상승 추세가 형성되는 변곡점이라는 뜻이고, 상승 추세가 형성된다면 추세추종을 하는 입장에서는 포지션을 진입해야 하는 '매수의 시그널'이 되기 때문에 'Long sign'이라고 명명했습니다.

● **Long sign의 양상**

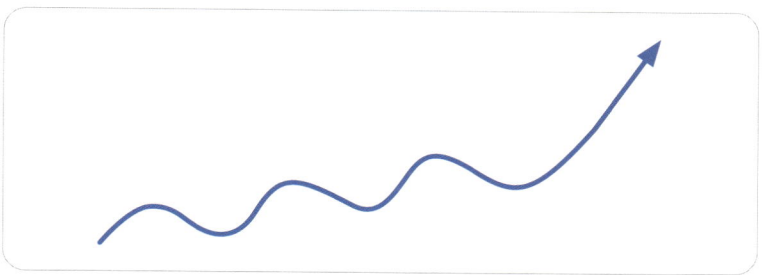

　가장 직관적인 변곡점이기에 이 변곡점에 대한 설명은 필요하지 않을 것 같습니다. 단, 이 Long sign은 모든 변곡점 중 가장 '속임형'이 많다는 것은 알아두는 게 좋습니다. 앞의 두 변곡점은 기존의 추세가 바뀌는 변곡점입니다. 그래서 속임형이 존재하긴 해도 대부분은 들어맞죠. 그러나 지금부터 살펴보는 두 변곡점은 '새로운 추세를 만드는 변곡점'입니다. 보통은 새로운 추세가 잘 만들어지지 않기에, 아주 많은 속임형이 출현합니다. 그러므로 매수는 이 Long sign에 따라 진행하되 속임형으로 판단될 경우 빠르게 포지션을 청산할 필요도 있는 것입니다. 또한 하나의 Long sign은 이후에 발생하는 추세 강화의 Long sign을 통해 확인되기에, 매수 포지션을 진입할 때 한방에 진입하지 말고 추세의 강화에 따라 순차적으로 진입해야 합니다. 이것이 추세 추종에 따른 매수 방법입니다.

　추세가 강화된다는 것은 더 가파르고, 더 강하게 상승한다는 의미입

● 엔비디아로 확인하는 Long sign 예시

출처: 트레이딩뷰

니다. 추세가 강해지면서 상승의 기울기가 가팔라진다는 것은 변곡점의 측면에서 보면 Sell sign과 같은 상승 추세 종료의 변곡점이 발생할 가능성이 더 낮아졌다는 의미입니다. 추세가 바뀔 가능성이 더 낮아졌으므로 '추세가 강화되었다'고 보는 것입니다. 우리는 비추세에서 상승 추세로 전환되는 Long sign에서 일부 대응하고, 이후에 추세가 강해질 때마다 순차적으로 대응하여 포지션을 구축할 필요가 있습니다. 주식을 싸게 사서 비싸게 판다는 관점에서 보면 절대 할 수 없는 일이지만, 추세에 순응하여 포지션을 구축하는 관점에서 보면 너무나 당연한 대응이죠. 추세 추종이 익숙한 저로서는 이런 대응이 너무나 익숙한데, 대다수는 주식을 '싸게 사는 것'이라 믿기에, 큰 공감을 얻지는 못하는 것 같습니다.

이 그래프는 저의 보편적인 매수 포지션 구축 방법입니다. 비추세에서 처음 상승 추세로 전환되었다고 판단했을 때 1차 포지션을 구축합니다. 그리고 그 추세가 강해지는 시점에 두 번째 포지션을 구축하고, 더 강해졌다고 판단되는 시점에 계속 포지션을 증액합니다. 이 그림처럼 때로는 두 번째, 세 번째 포지션 구축 후에 장기간 추가 수익이 잘 나지 않는 경우도 있지만, 흔들릴 이유는 없습니다. 세 번째 포지션 구축 이후 Sell sign이라 판단할 만한 변곡점은 출현하지 않았고, 변곡점이 없었기에 포지션을 축소할 근거가 없기 때문입니다. 그리고 운 좋게도 그 결과는 엄청난 복리의 수익으로 다가왔습니다.

Sell sign을 설명할 때 '추세의 훼손 정도에 따라 순차적으로 대응한다'고 말했는데요. Long sign도 마찬가지입니다. 추세가 강해질 때마다 순차적으로 증액하며 대응하면 됩니다. 대신 Sell sign보다 더 늦은 속도로, 더 분할해서 진행해야 하죠. 많은 분들이 초기 1차 long sign을 놓쳤을 때 어떻게 해야 하는지 묻습니다. "지금이라도 살까요?" 질문은 보통 이런 형식이죠. 저는 이렇게 생각합니다. 'Long sign 발생 후 진짜 상승 추세가 형성된 주식은 어느 시점에 사더라도 상관이 없다'고 말입니다. 손익을 떠나 변곡점에서만 잘 대응할 수 있으면 됩니다.

상승 추세의 종목을 매수했는데 빠르게 변곡점이 나와 결국 손실을 보고 뼈아픈 후회를 할 수도 있습니다. 그러나 주식투자는 확률의 게임이 아니라 손익비 게임입니다. 빠르게 변곡점이 나와 손실로 포지션을 청산한다면 안타까운 일이지만, 위의 그림처럼 변곡점이 장기간 나오지 않으면서 엄청난 복리의 수익을 볼 수도 있습니다. 미래는 아무도 모릅니다. Long sign이 나오고 상승 추세가 형성되어 있는 상황이라면, 아무리 많이 올라 있어도 매수 포지션을 잡을 수 있다는 얘기입니다.

Short sign (대차매도 신호)

마지막 변곡점은 Short sign입니다. Long sign과 반대되는 개념으로 본격적인 하락 추세 형성이 예상되는 변곡점을 뜻합니다. Sell sign과 Short sign을 혼동하는 경우도 있는데, Sell sign이 보유 주식을 팔아야 하는 변곡점이라면 Short sign은 대차매도(공매도)를 할 수 있는 변곡점입니다. 이는 분명히 다른 개념입니다.

● **Long sign의 양상**

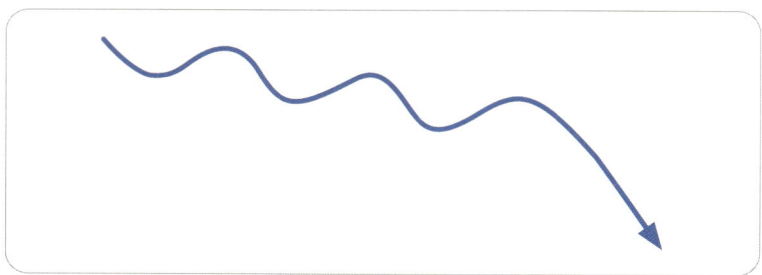

이렇게 비추세에서 본격적인 하락 추세를 보이는 시그널을 Short sign이라고 합니다. 일반적인 투자자는 대차매도, 공매도 포지션을 취하기가 쉽지 않기에 투자에 크게 도움이 되지 않는 변곡점이라 생각할 수도 있습니다. 그런 변곡점을 굳이 언급하는 이유는 만약 보유 주식이 이런 Short sign을 보인다면 무조건적으로 피해야 하기 때문입니다. Short sign은 본격적인 하락 추세 형성의 변곡점입니다. 내가 가지고 있는 주식이 본격적인 Short sign을 보이게 된다면 이후에 극심한 손실이 발생할 수 있습니다. 이런 Short sign 발생 종목을 보유하게 된다면, 주식투자를 하는 동안 '가장 피해야 하는 상황에 맞닥뜨릴 수도 있습니다.

● **삼성SDI에서 나타난 Short sign 예시**

출처: 트레이딩뷰

이 주식은 660,000원 부근에서 아주 전형적인 Short sign이 발생했습니다. 차트에는 나오지 않지만 이후 200,000원대 초반까지 하락을 보였습니다. 그것도 2년이 넘는 시간 동안 계속해서 말입니다. 저는 주식투자를 하면서 최악의 상황을 피할 수만 있으면 무조건 수익을 낼 수 있다고 믿습니다. 그리고 대부분의 사람들이 주식투자에 실패하는 이유가 '최악의 상황을 피하지 못하기 때문'이라 생각합니다. 운용사 펀드 매니저라면 몇 년 동안 한두 종목 때문에 펀드 수익률 순위에서 꼴등을 하는 것이고, 프랍 트레이더라면 한두 종목 때문에 손실 한도를 찍는 경우를 최악의 상황으로 꼽을 수 있겠습니다. 이렇게 되면 운용역으로서 직업을 잃게 됩니다. 개인투자자의 경우에는 직업을 잃을 일은 없지만, 계좌 손실이 평균 마이너스 6~70%가 되면서 자신의 주식투자 계좌를 방치하는 경우가 생길 수도 있죠.

모든 투자자에게 이런 최악의 상황은 '연속된 실패'에서 비롯되는 게 아닙니다. 그보다는 이와 같은 Short sign이 나오는 주식을 보유하게 되면서 파국으로 치닫게 되는 겁니다. 차트만 놓고 보면 '왜 이 상황을 못 피하지?'라고 생각할 수도 있습니다. 그런데 주식 시장은 이런 트랩 혹은 늪을 너무나도 '당당하게' 제공합니다. 모든 주식투자자는 미래 가치를 매우 중하게 생각하면서도 동시에 저평가된 주식을 선호합니다. 그런데 이렇게 Short sign을 보이고 하락추세를 형성하는 주식은 대부분 하락하는 기간 내내 '저평가'의 매력을 선보이게 됩니다. 주식은 주가가 먼저 하락한 이후에 실적이 악화하는 경우가 대부분인데, 주가가 먼저 하락하다 보니 하락하는 동안은 계속해서 저평가의 매력을 뽐내는 것입니다. 그래서 지금 이 주식이 하락하는 추세임을 알고 있음에도 주식의 저평가 정도가 더해지기 때문에 소위 '물타기'를 하게 되고, 그래서 점점 더 '최악의 경우'로 내몰리게 되는 것입니다.

냉정한 마음으로 주식투자를 하려면 이렇게 Short sign을 보이며 하락하는 주식에 저평가의 잣대를 들이밀어서는 안 됩니다. 조심해야 한다는 것이죠. 이런 주식들만 피할 수 있다면 앞으로 우리의 주식투자는 무조건 성공할 수 있다고 믿습니다.

찐쌤의 포트폴리오 구성 전략 총정리

 이제 추세추종 전략을 가지고 포트폴리오를 어떻게 구성해야 하는지 살펴보겠습니다. 포트폴리오 구성 문제는 사실 추세추종 전략에만 국한되는 것이 아닙니다. 어떤 타입의 주식투자든 공통적으로 해당될 수 있다는 거죠. 포트폴리오 구성의 문제는 '현금을 얼마나 보유할 것인가?' 하는 자산 배분의 문제가 아니라 '주식을 가지고 있을 때 어떤 형식으로 종목들을 구성할 것인가?'에 관한, 말 그대로 '포트폴리오'에 대한 이야기입니다. 모두 알고 있는 것처럼 포트폴리오란 어떤 주식(자산)으로 계좌를 구성할 것인지에 관한 과정을 말합니다. 앞서 언급한 주식투자의 두 번째 단계에 해당하죠. 일반적으로 포트폴리오의 구성은 투자 성과에 약 15% 정도의 영향을 주는 것으로 알려져 있는데요. 이는 단순히 '어떤 주식을 살 것인가?' 하며 고르는 과정이 아닙니다. 그보다는 '어떤 주식을 어떤 비중으로 구성하고, 이후에 어떻게 수정해 나갈 것인가?' 하는 종합적인 개념입니다. 그래서 포트폴리오를 구성하는 일련의 기준을 알게 되면 기본적으로 투자의 성과는 좋아지게 되어 있습니다.

포트폴리오 구성은 결국 위험 관리다

대부분의 투자자들은 종목을 여러 개로 분산해서 투자합니다. 이렇게 여러 개의 주식(자산)으로 분산 투자한다는 것은 그 자체로 '위험 관리'의 과정이죠. 주식투자에서의 위험이란 결국 '내가 틀리는 것'이라고 누차 얘기했는데요. 이 위험을 약간 교과서적으로 풀어보면 위험은 '시장 위험'과 '개별 위험'으로 구분할 수 있습니다. 시장 위험은 시장의 전체적인 흐름에 따라 각 주식이 가지는 위험입니다. 주식투자로 한정한다고 해도 거의 대부분의 주식은 전체 경제와 밀접한 상관관계를 맺고 있기에 시장 위험에 노출될 수밖에 없습니다. 그러나 이 시장 위험은 포트폴리오 구성을 통해 관리하기가 매우 까다롭습니다. 100%라고 말할 수는 없지만, 상당수의 주식이 똑같은 매크로 환경에 노출되어 있기 때문입니다. 그래서 이 시장 위험은 포트폴리오 관리의 단계보다는 자산 배분의 과정을 통해 관리하게 됩니다. 이번 장은 포트폴리오에 대한 것이니, 이 정도로만 정리하겠습니다.

- 시장 위험: 시장 전체의 변화에 따라 모든 주식이 영향을 받는 위험으로, 포트폴리오 구성보다는 자산 배분을 통해 관리해야 한다.
- 개별 위험: 각 주식이 가진 고유의 위험으로, 갑작스럽게 발생하며 대비가 어렵다. 따라서 포트폴리오를 통해 관리해야 한다.

시장 위험과 구분되는 또 다른 위험은 개별 위험입니다. 말 그대로 개별 주식 하나하나가 가지고 있는 고유의 위험인 것입니다. 예컨대 항공사의 주식이라면 비행기 사고 같은 위험은 대표적인 개별 위험으로 볼 수 있을 것입니다. 모든 주식은 이런 개별적인 위험을 가질 수밖에 없고, 이러한 고유의 위험은 보통 갑작스럽게 발생하기에 대비가 어렵습니다. 우리 같은 외부의 투자자가 사전에 인지하는 것이 매우 어려운 위험인 것도 사실입니다. 앞서 살펴본 시장 위험은 시장 전체적으로 나타나는 위험이기 때문에 때로는 위험이 감지되기도 하고, 나타난다고 해도 비교적 차분히 나타나기에 대응이 수월합니다. 그러나 개별 위험은 갑작스럽게 높은 변동성을 수반하면서 나타나기에 '크게 다치지 않는 수준으로 적절하게' 대응하기가 어렵습니다. 사전에 인지하기도 어렵고 위험의 충격이 매우 크기 때문에 반드시 관리가 필요하지만, 직접적인 관리 방법을 찾기도 어렵습니다. 우리가 포트폴리오를 구성함으로써 이 개별 위험을 관리하는 까닭입니다.

그러면 포트폴리오를 통한 위험 관리가 무엇인지, 포트폴리오를 통해 우리가 추구해야 하는 목표가 무엇인지 간략히 정리해 보겠습니다. 포트폴리오를 통한 위험 관리는 '내가 틀렸을 때 얼마나 덜 다칠 것인가?'를 고민하는 과정입니다. 물론 좋은 주식으로 포트폴리오를 구성함으로써 높은 수익을 내는 것 역시 기회비용이라는 위험을 제거한다는 측면에서 중요한 과정입니다. 그러나 핵심은 '적절하게 분산해 갑작스럽게 다가오는 개별 위험을 제거하는 과정'입니다. 따라서 포트폴리오의 구성 목표는 '높은 수익'이 아니라 '개별 위험의 통제'가 되어야 합니다.

포트폴리오 구성 시 고려사항

보통 포트폴리오를 구성할 때 고려해야 하는 요소는 크게 3가지 정도가 있는데요. 분산의 정도, 각 주식(자산)의 상관관계, 그리고 각 주식(자산)의 변동성에 따른 비중이 그것입니다. 하나씩, 어렵지 않게 짚어보겠습니다.

① 분산의 정도

첫 번째 고려 요소는 분산의 정도입니다. '내 계좌를 몇 개의 종목으로 구성할 것인가?' 하는 매우 간단한 개념입니다. 당연한 얘기지만 분산의 정도를 올리면, 즉 많은 종목으로 분산하게 되면 개별 위험은 감소합니다. 쉽게 말해, 보다 많은 종목으로 나누어 투자를 하고 있으면 한 종목에서 큰 문제가 발생해도 계좌 전체의 손실은 그만큼 커지지 않는다는 것입니다. 물론, 위험이 감소하기 때문에 기대 이익 역시 같이 감소합니다. 가지고 있는 종목 중 하나가 대박이 난다고 해도 내 계좌에 미치는 영향이 그리 크지 않다는 뜻입니다. 반대의 경우도 마찬가지입니다. 내가 분산의 정도를 낮추면, 즉 작은 수의 종목만 가지고 있다면 내가 감수하는 개별 위험은 커질 것입니다. 대신 기대 이익 역시 커질 것입니다. 그렇기에 분산의 정도는 포트폴리오 구성 시 우리가 첫 번째로 고려해야 하는 사항입니다.

　분산을 극도로 많이 하는 경우를 생각해 보겠습니다. 만약 내 계좌를 KOSPI에 있는 대형주 200개 종목으로 분산한다고 하면 내 계좌의 수익률은 거의 KOSPI200 종목과 유사하게 움직일 것입니다. 그렇게 되면 내가 감수해야 하는 개별 위험은 거의 사라지고, 시장 위험만 남는다고 볼 수 있습니다.

● **분산 정도에 따른 차이**

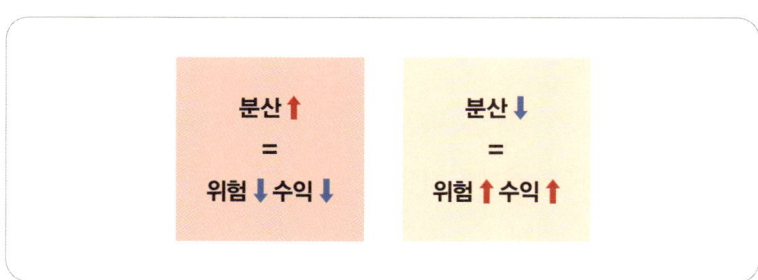

분산의 정도에 정답은 없습니다. 개인의 위험 선호 수준에 따라 달라지기 마련이니까요. 위험을 선호하는 투자자라면 적은 분산이 유리할 것이고, 위험을 극도로 싫어한다면 많은 분산이 필요할 것입니다. 이러한 '위험 선호'는 개인의 성향일 수도 있지만, 넓게 보면 투자의 목적일 수도 있습니다. 여러분이 가진 두 개의 투자 계좌 중 하나는 용돈을 벌 목적의 주식투자 계좌이고, 하나는 소중한 퇴직연금 계좌라고 가정해 보겠습니다. 용돈벌이를 하는 계좌는 어느 정도의 위험은 감수해도 될 테지만, 퇴직연금 계좌는 매우 보수적으로 관리되어야 할 것입니다. 그래서 똑같은 사람이라도 투자 목적에 따라 분산의 정도가 달라질 수 있다는 것을 알아두길 바랍니다.

최근 퇴직연금 계좌에도 개별주식 투자를 허용하자는 움직임이 있지만, 당초 퇴직 연금계좌는 ETF를 통해 투자하도록 했습니다. ETF는 그 자체로 많이 분산된 투자 상품입니다. 허용을 추진하고는 있지만, 퇴직연금 계좌의 개별주식 투자를 막은 것은 금융 당국에서 '제도적 차원'으로 위험 관리를 해준 것으로 여기면 됩니다.

② 주식(자산) 간의 상관관계

포트폴리오를 구성하는 두 번째 고려 요소는 주식 간의 상관관계입니다. 앞서 포트폴리오를 구성하는 것은 개별 위험을 축소시키는 과정이고, 포트폴리오를 분산하다 보면 결국 시장 위험만 남는다고 말했습니다. 그러나 이 주식 간의 상관관계를 이용하면 시장 위험을 올릴 수도 있고, 낮출 수도 있습니다. 다들 알겠지만, 주식 중에는 유사하게 움직이는 주식이 있는가 하면 정반대로 움직이는 주식이 있습니다. 대체적으로 동일 산업의 경우 유사하게 움직이는 경향이 높습니다. 또 시장에는 '경기 민감주'와 '경기 방어주'라는 것이 있습니다. 경기 민감주는 경기의 상황에 따라 기업실적이 크게 바뀌는 기업들을 말하고, 경기 방어주는 경기의 상황에 크게 상관없는 기업실적을 보이는 종목을 말합니다. 경기 민감주는 서로 다른 산업이라 하더라도 상대적으로 유사한 흐름을 보입니다. 반대로 경기 민감주와 경기 방어주는 서로 상이한 주가 흐름을 보이는 경우가 많습니다. 그래서 이를 이용한 포트폴리오 구성을 통해 시장의 위험을 일정 수준 관리할 수 있습니다.

포트폴리오에 삼성전자와 하이닉스를 가지고 있다고 가정해 보겠습니다. 이렇게 구성하면 개별 위험은 감소하지만, 시장 위험은 높아진다고 볼 수 있습니다. 만약 삼성전자와 SKT를 보유하고 있다면 시장의 위험을 전자의 경우보다 감소시킬 수 있습니다. 이렇듯 어떤 종목으로 구성하는지에 따라 같은 수의 분산을 하더라도 포트폴리오 성과는 큰 차이가 나게 됩니다. 이 역시 결국은 자신의 위험 선호에 따라 달라진다고 보면 되겠습니다.

③ 각 주식의 변동성과 비중

마지막 고려 사항은 각 주식의 변동성과 비중입니다. 여기서 변동성은 각 주식이 한 번 움직일 때의 '폭'을 의미합니다. 당연하게도 모든 주식은 서로 다른 변동성을 가지고 있습니다. 한 번 움직일 때 20% 정도는 쉽게 움직이는 주식도 있고, 많이 올라봐야 1~2%가 고작인 주식도 있습니다. 이렇게 개별 주식이 가지고 있는 변동성을 고려하여 포트폴리오를 구성할 경우 매우 다른 결과를 불러올 수 있습니다. 또한 변동성이 높은 주식과 낮은 주식을 어떤 비중으로 구성하는지에 따라 포트폴리오의 성과는 크게 달라집니다. 일반적으로는 시가총액이 큰 대형주보다 시가총액이 작은 중소형주가의 변동성이 더 높습니다. 또한 시가총액이 비슷한 대형주라 할지라도 기업의 성격에 따라 다른 변동성을 지니고 있습니다. 앞서 얘기한 경기 민감주는 경기 방어주보다 높은 변동성을 보입니다. 똑같은 경기 민감주라 할지라도 경기 상황에 따른 실적의 변동 폭이 다르기 때문에 서로 다른 주가 변동성을 가지게 됩니다. 이는 상황에 따라 달라지기도 하는데요. 시장의 관심을 뜨겁게 받는 주식의 경우 변동성이 높아지는 경향이 있고, 시장의 관심에서 멀어진 주식의 경우 변동성이 낮아지는 경향이 있습니다.

이렇듯 각 주식의 규모에 따라, 각 주식의 산업 성격에 따라, 혹은 시장의 상황에 따라 변동성이 달라지는데 우리는 이를 자신의 위험 선호에 잘 맞게 구성해야 합니다. 각 주식(자산)의 변동성은 포트폴리오 내 비중

설정에 따라서도 달라질 수 있는데요. 변동성이 큰 주식을 높은 비중으로 가져간다면 포트폴리오상의 개별 위험이 커지고, 반대의 경우라면 포트폴리오상의 개별 위험이 줄어든다고 볼 수 있겠습니다. 물론 그 값에 따른 포트폴리오의 기대수익 역시 달라질 것입니다.

경기 민감주와 경기 방어주

경기 민감주(cyclicals): 경기 민감주·경기 수혜주·경기 주도주 등 여러 명칭으로 불린다. 사업 구조상 경기와 밀접한 관련이 있어, 경기가 변동할 때마다 주가가 큰 폭으로 오르내리는 기업의 주식을 통틀어 일컫는다. 자동차·철강·항공·운수·석유화학·건설·정보기술(IT)·제지·반도체 등과 같이 처음에 투자 비용이 많이 드는 종목이 이에 해당한다.

경기 방어주: 경기의 호전·위축과는 상관이 없거나, 별로 영향을 받지 않는 기업의 주식을 통틀어 일컫는다. 경기에 둔감하기 때문에 경기 둔감주라고도 한다. 전력·가스·철도 등 공공재와 의약품·식료품·주류 등 생활필수품 등의 종목이 이에 해당한다. 철강·석유화학·조선·반도체 등과 같이 다른 종목에 비해 경기의 영향을 많이 받는 경기 관련주(경기 민감주)와 상대되는 개념이다.

출처: 두산백과

극단적 포트폴리오의 예시

두 개의 극단적 포트폴리오를 이용해 설명하겠습니다. 먼저, 가장 위험한 포트폴리오입니다. 단 두 개의 종목으로 분산합니다. 이 두 종목은 시가총액이 매우 낮은 주식이며, 사실상 하는 일도 매우 유사한 기업입니다. 분산의 정도가 낮고, 주식 간의 상관관계가 높습니다. 심지어 변동성도 높아 '변동성이 높은 주식의 비중'이 전부인 포트폴리오입니다. 더 위험한 포트폴리오도 있겠지만 제가 생각할 수 있는 가장 위험한 포트폴리오의 모습입니다(물론 그만큼 기대 이익도 매우 높을 것입니다). 또 하나는 가장 안정적인 포트폴리오입니다. 지수 ETF, 금 ETF, 단기 채권 ETF에 투자하는데 그 비중은 금이 제일 높고, 그다음이 채권, 마지막이 주식입니다. ETF는 기본적으로 분산이 되어 있는 포트폴리오 상품입니다. 그러니 3개의 자산으로 구분되어 있지만 사실상 '굉장히 많은 자산'으로 분산되어 있다고 볼 수 있습니다. 각 자산의 방향도 서로 달라 매우 낮은 상관관계를 가지고 있습니다. 비중은 '변동성이 낮은 자산'을 가장 많이 보유하는 구성입니다. 이런 포트폴리오를 구성한다면 주식 시장이 좋아도 높은 수익을 기대하기는 힘들 것입니다. 대신 주식 시장이 폭락한다고 해도 극단적인 손실을 막을 수 있습니다.

이렇게 2개, 3개의 자산으로만 구성해도 전혀 다른 결과를 얻어낼 수 있는 것이 바로 포트폴리오의 '힘'입니다. 포트폴리오 구성에 정답이 있으면 편하겠지만, 세상 어디에도 그런 건 없습니다. 투자자의 성향과 투자자의 목표에 해당 방식이 부합하는지, 다만 고민할 일입니다.

찐쌤이 좋아하는 주도주 포트폴리오

지금까지 포트폴리오를 구성할 때 고려해야 하는 요소를 설명했습니다. 이는 추세추종 전략뿐만 아니라 주식으로 포트폴리오를 구성할 때 반드시 고려해야 하는 부분입니다. 이번에는 추세추종자로서 이 요소들을 어떻게 적용할 수 있는지 살펴보겠습니다. 물론 개인적인 위험 선호에 따른 것이고, 모든 추세추종자가 이 같은 관점을 가져야 하는 것은 아닙니다.

① 분산의 정도

저는 수많은 위험 중 손실 위험에 특히 민감한 투자자입니다. 아마 프랍 트레이더 출신이기에 더욱 그러할 것입니다. 또한 저는 '시장이 나보다 훨씬 더 많은 정보를 반영하고 있다'는 투자 철학을 기반으로 추세를 추종하고 있습니다. 그래서 분산을 통해 개별 위험을 극도로 제한한 상태를 좋아합니다. 저는 기본적으로 시장이 비효율적이라고 생각하는 투자자들보다 개별 종목 분석을 많이 하지 않습니다. 상대적으로 개별 위험에 더 많이 노출되어 있다고 볼 수 있죠. 따라서 저는 포트폴리오를 구성할 때 가능한 한 많이 분산해서 개별 종목 위험을 제거하려고 노력합니다. 이렇게 하면 '추세를 중심으로 해석'하는 시장 위험에 좀 더 수월하게 대처할 수 있습니다. 많은 분산을 선호한다고 해서 맹목적으로 분산을 시도하지는 않고, 대형주에서 우상향하는 추세가 없다면 그 종목을 편입하지 않습니다. 따라서 상승추세가 많지 않은 시장의 경우 자연스럽게 포트폴리오 내 보유 종목의 수가 줄어듭니다. 그렇게 현금의 비중을 높게 유지하는 거죠.

② 주식 간의 상관관계

제가 손실 위험을 회피하는 성향의 투자자이다 보니 주식 간의 상관관계가 낮은 주식들을 포함하려는 경향을 보일 거라 생각할 수도 있지만, 상관관계에 있어서는 오히려 그 반대입니다. 기본적으로 저는 주도주를 중심으로 한 포트폴리오 전략을 추구합니다. 되도록이면 주도주만 가지고 있으려고 노력하는 것이죠. 그런데 주도주는 산업의 성격상으로도 그렇고, 다른 산업의 성격이라 할지라도 주도주군에 포함된 주식이라면 최소한 그 사이클에서만큼은 높은 상관관계를 지닙니다. 예컨대 2010년대 초중반, 중국의 소비 사이클에 의해 아모레퍼시픽과 호텔신라의 주가는 매우 높은 상관관계를 가졌습니다. 분명 다른 산업의 기업임에도 당시 '중국 소비'라는 주도주 상승 논리를 공유하고 있었기 때문입니다.

그래서 저는 분명 위험을 회피하는 보수적인 투자 성향을 갖고 있음에도 포트폴리오 내 보유 종목 간의 상관관계가 높아지는 것에 크게 개의치 않는 편입니다. 다만 주도주군이 아닌데 주도주군의 상승 논리와 상관없이 강한 상승추세를 보이고 있는 산업이나 종목이 있다면, 이는 상관관계를 낮추는 차원에서 포트폴리오에 편입합니다. 그 비중 역시 상대적으로 조금 높게 가져가는 편이고요.

③ 각 주식의 변동성과 비중

'시장이 효율적'이라는 투자 관점에서 비롯된 추세추종 전략은 시가총액이 작은 중소형주를 투자 대상으로 삼지 않기에 기본적인 투자 대상은 '상대적으로 낮은 변동성을 보유한 주식'들입니다. 그러나 저는 거기에서 개별 종목 변동성 위험을 비중 조절을 통해 더 줄이는 편입니다. 미국 주도주에는 마이크로소프트라는 회사도 있고, 테슬라도 있고, 팔란티어라는 회사도 있습니다. 종목별 변동성을 보면 팔란티어가 가장 높고, 그다음이 테슬라입니다. 마이크로소프트는 그중 변동성이 가장 낮습니다. 그래서 저는 단 한 번도 팔란티어와 테슬라의 보유 비중을 마이크로소프트의 보유 비중보다 높게 가져간 적이 없습니다. 변동성이 높은 주식을 높은 비중으로 가져가게 되면 전체 계좌에 미치는 개별 종목의 위험도가 더 올라가기 때문입니다.

저는 투자자들에게 '익절은 손절보다 더 신중해야 한다'고 강조하고 있습니다. 특히나 '익절'은 그야말로 추세에 따라 대응해야 한다고 말하죠. 그런 제가 포지션을 추세와 상관없이 조정하는 '단 하나의 경우'가 있습니다. 변동성이 높은 주식이 본격적으로 상승 추세를 타게 되면 수익률이 단기간에 극도로 높아집니다. 그래서 보유금액을 기준으로 하면 분명 상대적으로 낮은데, 평가금액을 기준으로 하면 보유 비중이 가장 높아지는 경우가 있습니다. 그렇게 될 때는 변동성이 높은 종목의 보유 비중을 추세와 상관없이 익절하면서 낮춰 줍니다. 변동성이 높은 주식의 급등으로 인해 내 계좌의 수익률이 높아졌다면, 반대의 상황이 되었을 때 내 계좌의 손익이 필요 이상으로 크게 흔들릴 수 있다는 것을 시사합니다.

이번 장에서는 포트폴리오를 구성할 때 고려해야 하는 요소들을 살펴보았습니다. 거듭 강조하지만 이는 꼭 추세추종 투자자가 아니어도 이해하고 있어야 하는 포트폴리오 구성 원칙입니다. 포트폴리오 구성에 정해진 답은 없지만 자신의 투자 목표에 따른, 자신의 위험 선호에 따른 해답은 분명 존재합니다. 주식투자를 성공적으로 하기 위한 가장 손쉬운 방법은 목표를 정하고 그 목표에 일관되게 투자하는 것입니다. 그리고 그 '일관성'에 '포트폴리오 구성 시 고려 사항'은 매우 큰 역학을 해줍니다. 최소한 자신의 목표나 성향과 반대되는 포트폴리오만 가지고 있지 않으면 투자의 성공 확률은 높아질 것입니다.

에필로그

20여 년의 투자 끝에 비로소 보게 된 것들

지금까지 '추세추종 투자 전략'과 '추세추종 투자의 기본적인 개념', '위험의 개념', '자산 배분의 중요성'에 대해 살펴보았습니다. 더불어 주식 투자로 수익을 낼 때 가장 중요하다고 생각하는 '주도주'에 대해서도 알아보았습니다. 시장에서 흔히 이야기하는 주도주와는 조금 다른 개념이지만, 저의 투자에는 가장 유리한 개념이었다는 것을 다시 한 번 강조하고 싶습니다. 이는 투자에서 가장 중요한 단계라 할 수 있는 '자산 배분 단계'에서도 유용하게 활용할 수 있습니다. 최소한 제가 얘기한 개념의 주도주는 분명히 그렇습니다. 그러니 알고 있던 기존의 개념과 다르더라도 이번 기회에 꼭 바르게 이해했으면 좋겠습니다.

추세추종 투자를 위해 꼭 필요한 '금융시장의 이야기를 듣는 법', '주식시장과 각 금융시장 가격 지표와의 상관관계', 그리고 '중요 경제지표의 해석 방법'과 더불어 '시장의 이야기를 듣는 과정'도 상세히 풀어냈습니다. 물론 시장의 이야기를 듣는 방법은 다양합니다. 하지만 제가 시장의 이야기를 들을 때 사용하는 추세를 따르면, 경제지표 속 방해가 되는 소음은 피하고 의미 있는 신호를 포착할 수 있습니다. 후반부에는 '추세 추종 투자 전략'을 총정리했는데요. 추세가 무엇인지, 추세를 생각할 때 중요한 것은 무엇인지, 추세를 구분하는 변곡점에는 어떤 것들이 있는지 꼭 기억하길 바랍니다. 제 설명이 부족했을 수도 있고, 때로는 여러분의 생각과 충돌하는 지점도 있었을 겁니다. 그러나 이 정도만 이해할 수 있다면, 최소한 제가 해왔던 추세추종 투자의 90%는 전달할 수 있겠다는 기대감으로 책을 써 내려갔습니다.

집필을 하며 빠뜨린 게 있다면 주식 시장 내 각 산업, 종목들의 시장 전체 관점에서의 해석 방법이 되겠습니다. 주식 시장의 해석에 사용되는 산업이 계속 바뀌기 때문에 이 부분을 책에 넣는 것은 쉽지 않았습니다. 예컨대 산업 중에 덩치가 크고 오래된 금융업이 있지만, 이마저도 사회 발전에 따라 중요하게 고려되는 캐털리스트(catalysts, 촉매)가 계속 변합니다. 따라서 끊임없이 변화하는 산업을 관찰할 도구를 책이라는 '시점이 고정된 매체'에 남겨두는 것은 그리 적합하지 않다고 판단했습니다.

그래서 이 부분을 책에서 덜어냈지만 산업을 공부하고 그 산업의 캐틸리스트를 이해하는 과정은 매우 중요합니다. 이 책을 통해 추세추종 투자를 이해했다면, 각자의 방법으로 주요 산업을 꼭 공부했으면 좋겠습니다. 산업의 기본적인 접근 방법은 다음과 같습니다.

첫째, 각 산업이 어떤 산업인지 정의를 내려야 합니다. 정의를 내릴 때는 책에 나오는 원론적인 정의도 좋지만, 언제라도 잊지 않도록 스스로 정의하는 것이 좋습니다.

둘째, 해당 산업을 구성하는 기업들이 어떤 구조 속에서 돈을 버는지 파악해야 합니다. 이럴 때는 각 산업의 계통도나 산업 내 기업 분포도 같은 것을 통해 파악하는 것이 좋습니다. 머릿속으로 그려 보는 것도 좋지만, 꼭 한번 손으로 그려 보았으면 좋겠습니다.

셋째, 이 산업이 어떤 상황에서 좋아지는지, 어떤 상황에서 나빠지는지 파악해야 합니다. 한 산업을 제대로 이해했다면, 어떤 상황이 좋고 나쁜지를 쉽게 파악할 수 있을 것입니다. 이때 어떤 지표를 통해 현재 상황을 확인할 수 있는지 파악한다면

> 더 좋습니다. 이렇게까지 준비하면 개별 기업의 재무까지 파악하지는 못하더라도, 적어도 추세추종 투자자로서 필요한 개별 기업 공부는 끝났다고 볼 수 있습니다.

금융시장의 가격 지표를 통해 시장의 상황을 알 수 있는 것처럼, 각 산업의 주가 흐름도 수많은 것들을 들려줍니다. 금리나 환율 같은 금융시장 가격 지표가 미처 이야기해주지 못한 거시경제 상황을 이야기해주거나, 어떤 산업이 경기를 호전시키거나 악화시키는지도 이야기해줍니다. 경제지표는 대부분 후행적으로 발표되지만 주가는 그렇지 않습니다. 그래서 산업들을 잘 이해하고 주가 흐름까지 파악하고 있으면 실제 경제와 주식 시장이 어떤 상황인지 그 누구보다 잘 파악할 수 있습니다. 다만 이 역시 추세를 중심으로 파악해야 합니다. 일시적인 등락은 사실상 큰 의미가 없는 경우가 대부분입니다. 대신 추세적인 흐름이 있다면, 이는 굉장히 뚜렷한 시장의 신호입니다. 한 가지 상황을 예로 들어보겠습니다.

GDP나 소매 판매 등 실물경제 지표는 여전히 부진하게 발표된 상황입니다. 그런데 의외로 금리는 좀처럼 낮아지고 있지 않습니다. 경기가 부진하면 금리가 낮아지는 것이 원칙적인 반응인데 그렇지 않은 것입니다. 그런데 경제지표 중 선행성이 있다고 여겨지는 설문 조사 지표인 ISM 제조업 지수는 여전히 50을 밑돌며 경기 침체영역에 있지만, 직전 2개월 동안 조금씩 개선되고 있습니다. 또 경기에 가장 민감하게 반응하는 반도체 업종을 중심으로 일시적인 상승이 아니라 약간의 추세적인 상승이 나오고 있습니다. 만약 이런 상황이 형성된다면 '경기가 기업의 IT 투자를 중심으로 개선되기 시작하는 것은 아닐까?'라고 가정할 수 있습니다. 그리고 추세가 없다고 생각해 극도로 줄여놨던 주식 보유 비중을 조금씩 늘리며 대응할 수 있습니다. 상승추세인 반도체를 포트폴리오의 핵심으로 두면서 말입니다.

이 가정이 맞아떨어진다면 시장은 반도체를 중심으로 계속해서 좋아질 것입니다. 반도체도 용도에 따라 다양한 종류와 기업이 있는데, 그중 가장 많이 오르면서 실제로 주식 시장을 이끄는 주도주가 보일 것입니다. 이제 그 주식을 중심에 두고 상승할 때마다 계속 매수하면 충분합니다. 어느 순간 자연스럽게 주식 비중은 증가할 것이고, 포트폴리오에 주도주를 가져갈 수 있게 됩니다. 물론 이 주도주의 랠리가 끝날 것처럼 보일 때는 주도주를 팔면서 자연스럽게 주식 비중이 줄어들기도 하고 말입니다. 이 예시를 보고, 전체 흐름이 매끄럽다고 느꼈다면 책에서 설명한 이야기 외에도 각 산업의 성격까지 공부했으면 좋겠습니다. 앞에서 제가 얘기한 방식들을 통해서 말이죠. 산업을 공부하는 이유는 투자 종목을 찾기 위해서만이 아닙니다. 관심이 없는 산업이라도 전체적인 흐름을 이해해야 시장 전체의 이야기를 귀담아들을 수 있습니다. 여기까지 이해가 된다면 추세추종 투자를 위한 공부가 거의 다 끝난 셈입니다.

제가 추세추종 방식을 투자에 사용한 이유는 인생을 바꿀 수 있는 '고수익'을 보장받기 위함이 아닙니다. 분명한 건, 우리처럼 평범한 사람도 주식투자로 성공할 수 있는 가장 손쉬운 방법이라는 것입니다. 인생을 바꿀 만한 고수익을 내려면 시장의 숨겨져 있는 1인치를 찾아야 합니다. 즉, 시장이 제대로 반영하지 못한 것을 파고들어 투자해야 합니다. 그러나 이는 누구나 할 수 있는 쉬운 방법이 아닙니다. 프랍 트레이더로 20여 년 넘게 투자해 왔지만, 시장의 숨겨진 1인치를 찾아내며 고수익을 내는 사람은 거의 보지 못했습니다. 그만큼 드물기도 하고, 일반인들이 접근할 할 수 있는 영역이 아닌 것입니다(저도 마찬가지고요).

시장이 어떤 상황이건 수익을 낼 수는 없다는 단점도 있습니다. 저는 프랍 트레이더였기 때문에 매년 제가 벌어야 하는 목표가 있었고, 그 목표를 달성하려면 추세추종 투자를 써서는 안 됐습니다. 하지만 제가 추세추종 투자를 고집한 이유는 어떤 상황에서도 목표한 바를 이룰 투자 방법을 찾지 못했기 때문입니다. 주변에 그걸 알고 있는 사람이 있었다면 보고 배웠을 텐데(저는 배움을 즐기는 사람입니다), 20년이 넘도록 단 한 명도 보지 못했습니다. 그 시간을 되돌아보니 오히려 저보다 더 훌륭한 성과를 보여준 프랍 트레이더가 없었습니다. 그래서 고수익을 기대하기 어렵고 모든 상황에 대응하지 못하는, 한계가 분명한 투자법임에도 추세추종 투자를 고집해온 것입니다. 그리고 그 덕에 누구보다 오랫동안 성공적으로 프랍 트레이더 생활을 해나갈 수 있었죠.

시장이 좋든 나쁘든 주식은 사고 팔립니다. 사는 사람도 자신만의 이유를, 파는 사람도 자신만의 이유를 가지고 매매하기 때문에 거래가 체결됩니다. 그러니 누구에게나 적용할 수 있는 정답은 없습니다. 주식투자의 정답은 오직 투자자 자신에게 있습니다. 그리고 그 정답은 주식투자를 하는 이유나 자금의 성격 등에 따라 확연히 달라집니다. '주식투자를 잘한다'는 것은 고수익을 내는 것이 아니라 자신의 상황에 맞게 목표를 설정하고 투자하는 것입니다. 그럴싸한 말장난처럼 들릴 수 있어도 저에게는 이것이 진리였습니다. 특히 안정적인 수익을 원한다면, 제 추세추종 투자 방식은 추천할 만한 방법이라 생각합니다. 또한 시장이 하는 이야기를 매일 열심히 들으며 의미 있는 변곡점에만 대응한다면 여러분들의 매매 횟수는 현저히 줄어들 것입니다. 매매 횟수가 줄어든다는 의미는 그만큼 시세에 일희일비하지 않을 수 있다는 것입니다.

저는 현역 시절 시세를 가장 적게 보는 트레이더였습니다. 종가를 보고 의사를 결정한 다음 시가반, 종가반 또는 장중 평균가(주문 금액이 큰 경우)로 주문을 내도 큰 문제가 없었습니다. 그래서 주식에 투자하며 시세 때문에 받는 불필요한 스트레스가 상대적으로 적었습니다. 사실 투자하며 받는 스트레스는 결과에 대한 스트레스만 있는 것이 아닙니다. 불필요하게 몰입하면서(시세를 많이 보면서) 받는 스트레스도 은근히 많습니다. 추세추종 투자를 제대로 할 수 있다면 불필요한 스트레스를 줄일 수 있고, 오히려 더 좋은 결과를 만들 수 있습니다. 최고의 수익은 아니더라도 손실에서 만큼은 누구보다 자유로울 수 있으니까요. 손실이 아예 없을 수는 없겠지만, 문제는 손실 여부가 아닙니다. '그 손실을 감당할 수 있는 수준으로 통제하느냐, 아니면 통제할 수 없는 수준으로 방치하느냐'가 핵심입니다. 손실을 피할 수는 없지만 내가 통제할 수 있는 수준으로 유지한다면 결국 우리의 투자는 성공할 확률이 높습니다.

만약 알려드린 대로 추세추종을 할 수 있다면 미래를 훤히 내다보는 능력이 없어도 마법처럼 주도주를 가질 수 있습니다. 주도주를 가지고 있다는 것은 주식 시장이 좋을 때 수익을 약속받는 기본 조건이며, 시장의 상승이 마무리될 때 위험을 피할 수 있는 근거입니다. 그래서 모든 투자자가 주도주를 가지고 싶어 하지만, '저점도 고점도 정확하게 맞춰야 한다는 강박'과 '싸게 사서 비싸게 팔아야 한다는 아집'이 매수를 어렵게 합니다. 그러나 추세추종 투자는 명확하게 가치를 분석하지 못해도 주도주를 살 수 있게 해줍니다. 주식을 단지 싸게 사는 것이 아니라 상승추세의 종목을 사서 상승추세가 끝날 때까지 들고 있을 수도 있죠. 이미 많이 오른 것처럼 느껴지는 주도주의 새싹을 사들일 수 있다는 얘기입니다. 제가 추세추종 투자만큼 손쉽게 주도주를 가질 방법이 없다고 생각하는 이유입니다.

물론, 이 방식으로 투자하면 머리보다 몸이 좀 피곤해집니다. 미래를 예상하지 않고 시장의 현재 이야기를 충실히 듣고 따라 하면 그만이기에 미래를 예상할 만큼의 해박한 지식이나 감각이 필요하지 않습니다. 머리가 그렇게 피곤한 투자 방법은 아니라는 겁니다. 그러나 매일 시장이 해주는 이야기를 성실히 따라가야 하기에 몸이 피곤합니다. 저는 해박한 지식과 혜안이 필요한 방법보다는 성실하게 시장의 흐름을 따르기만 하면 되는 방법이 훨씬 쉽다고 생각합니다. 어려운 수학 난제를 푸는 것보다 매일 꾸준히 일기를 쓰는 것이 사실은 더 쉬운 일이니까요. 이 책을 통해 추세추종 투자에 필요한 기본적인 내용은 모두 얘기한 것 같습니다.

    책을 읽으며 느꼈겠지만 어려운 방법이나 용어는 되도록 쓰지 않았습니다. 주식에 투자하는 사람의 숫자만큼이나 다양한 방법이 주식투자에 있겠지만, 누구나 따라 할 수 있고 결과도 나쁘지 않은 방법이 있다면 그 방법이 '최고의 방법'이 될 것입니다. 저는 단연코 추세추종 투자가 그 방법 중에서도 으뜸이라고 생각합니다. 이 책이 여러분의 투자에 작게나마 보탬이 되었으면 좋겠습니다. 여러분들의 성투를 진심으로 응원하겠습니다.

**주도주 투자
수익의 정석**

1판 1쇄 발행 2025년 8월 11일
1판 2쇄 발행 2025년 9월 15일

지은이 김진
발행인 김형준

총괄 김아롬
책임편집 박시현, 배혜진
디자인 홍정순
기획관리 허양기
온라인 홍보 허한아
마케팅 진선재

발행처 체인지업북스
출판등록 2021년 1월 5일 제2021-000003호
주소 경기도 고양시 덕양구 원흥동 705, 306호
전화 02-6956-8977
팩스 02-6499-8977
이메일 change-up20@naver.com
블로그 blog.naver.com/changeupbooks

ⓒ 김진, 2025

ISBN 979-11-91378-77-1 (13320)

• 이 책의 내용은 저작권법에 따라 보호받는 저작물이므로,
  전부 또는 일부 내용을 재사용하려면 저작권자와 체인지업북스의 서면동의를 받아야 합니다.
• 잘못된 책은 구입처에서 교환해 드립니다.
• 책값은 뒤표지에 있습니다.

체인지업북스는 내 삶을 변화시키는 책을 펴냅니다.